Schleswig-Holstein erfahren

Davon träumt man als Radler:
ein Picknickplatz unter dem Baum
mit Blick auf das Meer

Michael Moll

SCHLESWIG-HOLSTEIN

erfahren

Radtouren durch malerische Landschaften, zu reizvollen Städten und kulturellen Highlights

BRUCKMANN

↑ Im Norden Deutschlands ist man auch auf den Spuren der Wikinger.
↓ Maritimes findet man natürlich auch immer wieder.
↘ In den Städten gibt es außerdem viel Geschichte und Kunst zu entdecken.

INHALT

DIE TOUREN

Nordseeküste

Osteeküste

Binnenland

↑ Wuchtige Kirchenmauern und → historische Spuren gehören oft zum Bild bei den Radtouren.

Elbe und rund um Hamburg

So erhebt sich der Roland
vor dem Schloss in Bad Bramstedt.

Vorwort

HERZLICH WILLKOMMEN IM »ECHTEN NORDEN«, wie sich das Bundesland Schleswig-Holstein selbst vermarktet. Das Land zwischen den Meeren bietet eine große Vielfalt und Abwechslung, sowohl in Sachen Natur als auch bei den vielen bezaubernden Städten und Ortschaften. Wer glaubt, in Deutschlands nördlichstem Bundesland radelt man nur durch flache Landschaft, in der man stets von Schafen angeblökt wird, der irrt. Selbst die Küstenabschnitte der Nord- und Ostsee können kaum unterschiedlicher sein. Im Westen von Schleswig-Holstein zeigt sich die Nordsee oft rau und regelmäßig sogar gar nicht. Dann herrscht Ebbe, was der Küste mit seinen Salzwiesen einen ganz besonderen Charme gibt. Dahingegen wirkt die Ostsee mit ihren langen Stränden beinahe schon harmlos. Doch beide Küstenabschnitte lassen sich wunderbar mit dem Rad erkunden. Sowohl die Radfernwege als auch die kurzen regionalen Rundkurse ermöglichen ein angenehmes Kennenlernen der Küstenlandschaft. Das gilt natürlich auch für die Inseln, die ebenfalls in beiden Meeren gut auf dem Rad erkundet werden können. Aber auch das Landesinnere lockt mit zahlreichen Radwegen und Rundkursen. Auf den Blick aufs Wasser muss man dabei aber lange nicht verzichten. Viele Seen erfreuen das [R]adlerauge und lassen sich an ihren Ufern umrunden oder der Reihe nach besuchen. Gleiches gilt natürlich auch für die anderen Gewässer wie Schwentine, Schlei, Trave oder den Nord-Ostsee-Kanal, den man auf voller Länge zwischen Nord- und Ostsee erradeln kann. Doch Schleswig-Holstein ist nicht nur flach, wie man vor allen Dingen im Südosten des Landes bemerken wird, wenn die Wadenmuskulatur ein wenig mehr gefordert wird. Und zu guter Letzt bleiben natürlich noch die vielen von Menschenhand geschaffenen Sehenswürdigkeiten, wie die Schlösser Ahrensburg, Eutin, Plön, Glücksburg oder die Altstadt von Lübeck voller Stolz beweisen. Sie alle lassen sich ebenfalls wunderbar mit dem Rad bereisen.

Es gibt also jede Menge zu entdecken – im echten Norden.

Herzliche Grüße und viel Spaß beim Radeln

Michael Moll

Willkommen in Schleswig-Holstein

Als der »echte Norden« bezeichnet sich das Bundesland zwischen den Meeren. Echt sind auf jeden Fall die Fakten, die Schleswig-Holstein zu bieten hat und manches Mal erstaunen lassen.

Lange Radfernwege

Es gibt viel zu tun, wenn man sich alleine nur mit den längsten Fernradwegen in Schleswig-Holstein befasst. Der Abschnitt des Nordseeküstenradweges misst etwas mehr als 300 Kilometer, auf dem Ostseeküstenradweg radelt man zwischen Flensburg und Travemünde sogar ca. 440 km. Auch Radfernwege wie den Eider-Treene-Sorge-Radweg (240 km) oder den Elberadweg (170 km) sowie den Mönchsweg (340 km) teilt man sich besser in mehrere Etappen ein.

167 m

Der Bungsberg ist der höchste Gipfel

Über die Höhe von 167 Metern kann man in anderen Bundesländern nur schmunzeln, wenn es um den höchsten Punkt geht. Schleswig-Holstein ist also eher flach. Radeln kann trotzdem anstrengend werden, denn dafür gibt es jede Menge Gegenwind.

Nord-Ostsee-Kanal

Exakt 98,2 Kilometer ist der Nord-Ostsee-Kanal lang, der 1914 fertiggestellt wurde und Brunsbüttel mit Kiel verbindet.

6:1
Die Nordsee gewinnt

Fehmarn ist die einzige Ostseeinsel des Bundeslandes. An der Nordseeküste gibt es dagegen sechs Inseln sowie zahlreiche Halligen.

Dänische Südschleswiger

Rund 50 000 Einwohner des Bundeslandes gehören der dänischen Minderheit in Südschleswig an, die als ethnische Gruppe Minderheitenschutz genießt.

Möwen an der Küste

Es gibt nicht die eine Möwe. Vielmehr leben in Schleswig-Holstein zehn Möwenarten, so zum Beispiel die Sturmmöwe, die Lachmöwe und die Silbermöwe.
Letztere ist der Klassiker und nicht nur wegen ihrer Größe, sondern auch mit dem roten Punkt am gelben Schnabel gut erkennbar.

Seenotretter an beiden Küsten

Rausfahren, wenn andere reinkommen – so lautet die Devise der Deutschen Gesellschaft zur Rettung Schiffbrüchiger (DGzRS), für die der Autor dieses Buches bereits ehrenamtlich mehrere Wochen durch ganz Deutschland radelte, um auf die wichtige Arbeit der Seenotretter aufmerksam zu machen. Mit 25 Stationen an der schleswig-holsteinischen Küste hilft die DGzRS jedem aus Seenot und kommt dabei ganz ohne staatliche Unterstützung aus. Wichtig sind die Sammelschiffchen, die an zahlreichen Orten im Bundesland aufgestellt sind und zu einer kleinen Spende bitten.

Leuchtturm

Rund 60 Leuchttürme, von denen noch 50 aktiv sind, erheben sich an der schleswig-holsteinischen Küste. Der wohl klassischste ist der rot-weiß gestreifte Leuchtturm Westerheverstrand. Er kann nördlich von St. Peter-Ording nur zu Fuß oder mit dem Fahrrad erreicht werden.

Größter Nationalpark

Der Nationalpark Schleswig-Holsteinisches Wattenmeer ist nicht nur der größte Nationalpark in ganz Deutschland, sondern sogar von Mitteleuropa. Der Landteil besteht überwiegend aus den Salzwiesen.

Bruckmann-Tourenfinder

Für jeden Tag die richtige Tour

			km	Hm	Std.							
1	Inselrundfahrt mit Schiffsanreise	🔴	42	93	3.00	✓	✓	✓	✓		✓	✓
2	Zu den Dünen auf Amrum	🔵	24	92	2.00	✓	✓	✓	✓		✓	✓
3	Von Bredstedt auf die Hamburger Hallig	🔵	32	90	3.00	✓	✓	✓	✓			✓
4	Von Husum auf die Halbinsel Nordstrand	🔴	54	95	4.00	✓	✓	✓	✓			✓
5	Unterwegs in der flachen Marschlandschaft	🔵	46	76	3.30	✓	✓	✓	✓			✓
6	Naturgenuss an der Nordseeküste	🔵	43	51	3.00	✓	✓	✓	✓		✓	✓
7	Radtour mit kurzer Wanderung ins Meer	⚫	63	58	5.00	✓	✓	✓	✓			✓
8	Kurzausflug nach Dänemark	🔴	46	327	3.30	✓	✓	✓		✓	✓	✓
9	Gemütliche Einkehr auf halber Strecke	🔴	42	346	3.30	✓	✓	✓		✓		✓
10	Von Kappeln in die Geltinger Birk	🔴	47	185	3.30	✓	✓	✓	✓			✓
11	Abwechslungsreicher Radgenuss bei Eckernförde	⚫	60	275	5.00	✓		✓	✓			✓
12	Schnuppertour auf dem Ostseeküstenradweg	🔴	48	217	3.30	✓	✓	✓	✓		✓	✓
13	Inselrundfahrt Fehmarn	🔵	38	116	2.30	✓	✓	✓	✓		✓	✓

			km	Hm	Std.							
14	Zu den Seebrücken an der Ostsee	🔴	42	195	3.30	✓	✓	✓	✓		✓	✓
15	Von Lübeck nach Travemünde	🔵	24	105	2.00	✓	✓	✓		✓		✓
16	Durch die kleinste Stadt Deutschlands	🔴	33	165	3.00	✓	✓	✓	✓			✓
17	Auf den Spuren der Wikinger	🔵	35	204	3.00	✓	✓	✓		✓		✓
18	Rund um den Wittensee	🔵	30	160	2.30	✓	✓			✓	✓	✓
19	Tour am Nord-Ostsee-Kanal	🔴	56	270	4.30	✓	✓	✓	✓			✓
20	Rund um den Westensee bei Kiel	🔴	43	377	3.30	✓	✓			✓	✓	✓
21	Radtour zum geografischen Mittelpunkt	🔴	38	163	3.00	✓	✓	✓	✓			✓
22	Die Seenplatte der Schwentine	🔴	37	333	3.30	✓	✓	✓		✓		✓
23	Seenlandschaft und alte Bahntrassen	🔵	34	236	2.30	✓	✓	✓	✓			✓
24	Rundfahrt durch Lübeck	🔵	17	127	2.00	✓	✓	✓		✓		✓
25	Rund um den Ratzeburger See	⚫	54	412	4.30	✓	✓	✓		✓	✓	✓
26	Zum Tiefpunkt Deutschlands	🔴	47	72	3.30	✓	✓	✓	✓			✓
27	Zu einer der ältesten Kirchen	🔴	37	222	3.00	✓	✓	✓	✓			✓
28	Vom Bramstedter Schloss zum Schloss von Barmstedt	🔴	41	121	3.00	✓	✓	✓		✓		✓
29	Auf Schlössertour bei Hamburg	🔴	39	165	3.00	✓	✓	✓	✓			✓
30	Auf dem Elberadweg unterwegs	🔵	36	81	2.30	✓	✓	✓	✓			✓

Durch die flache Landschaft
fahren wir bis zur Hamburger Hallig.

INFO

PIKTOGRAMME ERLEICHTERN DEN ÜBERBLICK

Länge Höhenunterschied Fahrzeit

Einkehr

viel Sonne

ÖPNV

kindergeeignet

schattiger Weg

Sehenswürdigkeit

Baden

ANFORDERUNGEN

LEICHT

Technisch einfache Radtour auf gut ausgeschilderten und befestigten Wegen, die außerdem durch ihre kurze Wegstrecke schnell und leicht zu befahren sind. Hierbei handelt es sich oft um Strecken, die vor allen Dingen von trainierten Radlern auch als Halbtagestour in Angriff genommen werden können.

MITTEL

Touren, die durch einzelne Abschnitte oder Begebenheiten nicht mehr als leicht eingestuft werden können, aber dennoch nicht schwer sind. Oft handelt es sich um kurze Bereiche, bei denen die etwas schlechtere Wegbeschaffenheit kein müheloses Rollen ermöglicht. Außerdem sind hier auch schon mal kurze Abschnitte entlang von Straßen zu bewältigen oder der ein oder andere moderate Anstieg zu fahren. Die meisten Touren landeten jedoch in dieser Kategorie, weil sie mit mehr Kilometern auskommen.

SCHWER

Anspruchsvollere Strecken, auf denen man sich schon alleine wegen der Länge mit Vorrat eindecken sollte. Bei den schweren Touren handelt es sich ausnahmslos um Ganztagestouren, die man nur mit entsprechender Kondition angehen sollte.

Malerisch und natürlich mit viel Wasser zeigen sich die Ortschaften in Schleswig-Holstein.

SCHLESWIG-HOLSTEIN ERFAHREN

Ausgiebige Radtouren auf Inseln und Halligen sowie von Küste zu Küste. Schleswig-Holstein bietet für den Radbegeisterten etwas, was kein anderes Bundesland kann.

Das nördlichste Bundesland, das Land zwischen den Meeren. Hier lässt es sich aus mehreren Gründen wunderbar radeln. Einerseits ist Schleswig-Holstein ausgesprochen flach. Der Bungsberg als höchster Punkt des Bundeslandes misst gerade einmal 167 Meter über dem Meeresspiegel. Natürlich ist er nicht die einzige Erhebung, vielmehr liegt er innerhalb der sogenannten Holsteinischen Schweiz, die mit einer sanft hügeligen Landschaft begeistert. Aber diese Landschaftsformation ist für den Tourenradler, erst recht für denjenigen, der elektrisch unterwegs ist, keine Herausforderung. Andererseits bietet Schleswig-Holstein jede Menge Radwege. Sei es nun, ob es sich hierbei um Fernradwege handelt, wie zum Beispiel den Nordseeküstenradweg oder den Ostseeküstenradweg, oder ob es kurze Touren wie die Wikingerroute bei Schleswig sind. Neben den Themenrouten gibt es aber auch die Rad- und Fußwege, die neben einer Landstraße verlaufen und so das Radeln abseits des motorisierten Verkehres zulassen.

Die vorgeschlagenen Touren in diesem Buch sind zwischen 17 und 63 Kilometer lang. Sie reichen von einer Stadtrundfahrt mit kleinem Abstecher ins Grüne bis hin zur ausgedehnten Tour entlang der Küste oder durch die weite Landschaft. Außerdem können manche der Touren miteinander kombiniert werden. So ist für jeden Radler etwas dabei. Die Ausgangspunkte sind so gelegt, dass in den meisten Fällen ein Bahnhof bzw. ein Parkplatz in der Nähe ist. Wenn es keine Anbindung an den Bahnverkehr gibt, dann ist wenigstens eine Bushaltestelle in unmittelbarer Entfernung. Da Schleswig-Holstein eine klassische Reise- und Urlaubsregion ist, fällt es darüber hinaus nicht schwer, eine Unterkunft in der Nähe des Ausgangspunktes oder Zielortes zu finden.

VORBEREITUNG

Jede einzelne Tour ist einer Kategorie zugeordnet, die Sie dem Infokasten an jeder Tourenbeschreibung entnehmen können. »Stadtspaziergang«, »Naturparadies« oder »Sehenswürdigkeit« verraten Ihnen schon vorab, was Sie im Schwerpunkt auf der Tour zu erwarten haben. Die Übergänge sind dabei aber auch etwas fließend. So ist ein Stadtspaziergang in Lübeck natürlich auch gleichzeitig eine Sehenswürdigkeit. Mit etwas Vorbereitung und mithilfe dieses Buches mit seinen zahlreichen Tipps und Informationen wird es jedoch ein Leichtes sein, eine den eigenen Bedürfnissen entsprechende Tour zu finden.

↓ Auf Kopfsteinpflaster radelt man hin und wieder auch wie hier in Burg auf Fehmarn. ↘ In Husum gibt es zum Beispiel das Schifffahrtmuseum zu entdecken.

Zur Planung gehört natürlich auch die Überlegung, wie der Zustand der Radwege, die Beschilderung und die Sehenswürdigkeiten rechts und links des Weges aussehen. Generell gilt, dass die Radwege gut ausgebaut sind. Sie sind überwiegend asphaltiert und, wie weiter oben schon beschrieben, meist baulich von den Straßen abgegrenzt. Überwiegend verlaufen die Touren auf Nebenstrecken und landwirtschaftlichen Nutzwegen. Hier kann es natürlich auch schon mal sein, dass die Trasse verdreckt ist oder dass Baumwurzeln die Asphaltdecke ein wenig anheben. Auch beim Radeln auf oder an den Deichen ist man in der Regel auf Asphalt unterwegs. Hier gelten übrigens besondere Regeln. Manche Deiche dürfen zwar zum Spazieren bzw. Wandern betreten werden, aber das Radeln ist dort nicht in allen Fällen erlaubt.

Die Beschilderung der schleswig-holsteinischen Radwege ist generell gut. Neben den Schildern für die Themenradwege existieren Richtungsangaben mit grüner Schrift auf weißem Grund, die mit Kilometerangaben zu weiteren Städten führen.

EINKEHR

Schleswig-Holstein bietet nicht nur jede Menge Übernachtungsmöglichkeiten, sondern auch zahlreiche Gelegenheiten, den Gaumen zu verwöhnen und den Bauch zu füllen. Die Bandbreite reicht vom einfachen Imbiss, an dem man herzhaft in ein Fischbrötchen beißen kann, bis zum gediegenen Restaurant, in dem die Radlerhose auch schon mal fehl am Platz sein könnte. Dennoch schadet es nicht, seinen eigenen kleinen Proviant mitzuführen. Im ländlichen Raum radelt man zuweilen schon mal etwas länger zwischen Feldern und Wäldern, bis ein Gasthof erreicht wird. Außerdem gibt es jede Menge Picknickplätze oder zumindest Sitzmöglichkeiten, an denen man es sich einfach bequem machen kann. Wichtig ist ohnehin

↓ Der Museumshafen in Büsum ist frei zugänglich.

↘ An der Hamburger Hallig kann man sich auch Räder ausleihen.

Und immer wieder laden Einkehrmöglichkeiten zum Verweilen ein.

die Mitnahme von Getränken bzw. Wasser. Denn das Bundesland ist von Landwirtschaft geprägt. Das bedeutet wiederum, dass entlang so mancher Strecke kaum Schatten spendende Bäume anzutreffen sind. Gleiches gilt natürlich für die schattenlosen Fahrten entlang der Deiche.

E-BIKE ODER MUSKELKRAFT?

Nun möchte man fast schon sagen, dass man für die flache Landschaft in Schleswig-Holstein kein E-Bike benötigt. Doch ein Punkt wurde noch gar nicht erwähnt – der Wind. Eingefleischte Radler wissen: Der Wind kommt immer von vorne. So ganz richtig ist das natürlich nicht. Gerade an der Küste, wo der Wind überwiegend aus westlicher Richtung auf das Land trifft, kann man auch schon mal mit einer gehörigen Portion Rückenwind unterwegs sein. So beschwingt, wie man dann fährt, sollte man sich nicht zu einer extraweiten Tour verleiten lassen. Denn wenn man in die entgegengesetzte Richtung wieder zurück muss, dann wird es umso anstrengender und genau dann ist man dankbar für die Unterstützung eines E-Bikes.

Sollten Sie mal kein eigenes Rad zur Verfügung haben, dann finden Sie in vielen Orten einen Fahrradverleih. Hierbei gilt: Je touristischer ein Ort, umso mehr Mietmöglichkeiten sind vorhanden. Auf den Nordfriesischen Inseln mit ihren kleinen Ortschaften ist die Auswahl an Fahrradvermietern zum Beispiel enorm groß, während so manche Stadt im Landesinneren in dieser Hinsicht weniger zu bieten hat. So oder so, genießen Sie die Radtouren durch Schleswig-Holstein, planen Sie immer den einen oder anderen Mehrkilometer ein, der baustellenbedingt oder durch eigene Interessen anfallen kann, und erleben Sie Radgenuss pur zwischen den Meeren.

Keine Sorge:
Auf Schafe trifft man überall
an Nord- und Ostsee.

Zu den Inseln und Halligen gelangt man natürlich mit der Fähre.

NORDSEE-KÜSTE

Inselhopping und entschleunigtes Radeln zwischen Ebbe und Flut

Hin und wieder ist auch mal Ebbe. Doch das Wasser kehrt zurück, versprochen.

1

INSELRUNDFAHRT MIT SCHIFFSANREISE

Einmal rund um die Insel Föhr in der Nordsee

Selbstverständlich kann man auch die anderen Nordfriesischen Inseln wie Amrum, Sylt oder Pellworm mit dem Fahrrad wunderbar bereisen. Auch die dazwischen gelegenen Halligen sind ein schönes Ausflugsziel. Daher ist dieser Radrundkurs auf der Insel Föhr nur als Beispiel für weitere tolle Touren auf den Inseln der Nordsee zu sehen.

FÖHR Natürlich startet man die Rundfahrt auf der Insel Föhr am Fährhafen. Wer sich dafür entscheidet, die Insel gegen den Uhrzeigersinn zu erradeln, wobei es natürlich auch möglich ist, andersherum zu fahren, der hält sich gleich nach rechts. Die Inselhauptstadt Wyk auf Föhr bleibt dann für später übrig, wenn man die Rundfahrt beendet hat. Denn am Fährhafen passiert man nur noch den Jachthafen und schon hat man Wyk auf Föhr im Rücken. Noch ein Kurzbesuch im Café Klein Helgoland und schon radelt man nordwärts am Deich entlang. Rund eineinhalb Kilometer sind es bis zum schmalen Bundixumweg, der nach links abzweigt und auf dem Sie ein wenig mehr in das Landesinnere radeln. Gleich an der ersten T-Kreuzung halten Sie sich rechts und folgen dem Siedlerweg nach links. So funktioniert die Radtour in diesem Bereich gleich noch zwei Mal. Erst rechts und an der nächsten Möglichkeit wiederum links.

Die Gefahr des Verfahrens ist hier natürlich gegeben, da immer wieder Wege abzweigen und die zahlreichen Höfe aus der Ferne ähnlich wirken und so manches Straßenschild fehlt. Aber sind wir ehrlich: Wir sind auf einer Insel, im schlimmsten Fall landet man wieder am Deich und blickt von dort aus aufs Meer. Im nordwestlichen Teil von Föhr erstreckt sich der kleine Ort Oldsum. Er wird von Nord nach Süd auf einer der vielen kleinen Querstraßen passiert, sodass man die Hauptstraße Am Stig überquert und zur Landstraße Nei Wai gelangt. Hier wenden Sie sich nach rechts und folgen der Straße für ein kurzes Stück nach Süderende.

In Süderende passieren Sie Karins Landcafé, und radeln weiter gen Süden zur weithin sichtbaren St.-Laurentii-Kirche. Sie ist im Inneren sehenswert, aber einen Blick sollte man auch auf den Friedhof werfen, der das Gotteshaus umgibt. Zahlreiche Gräber und ihre Grabsteine mit zum Teil sehr langen Inschriften erinnern an die ehemaligen Seeleute der Insel Föhr.

Tipp

SCHLESWIG-HOLSTEIN-ERFAHRUNG

Die östlichste Spitze von Föhr, das sogenannte Näshörn, befindet sich in sechs Kilometern Entfernung vom Dagebüller Hafen. Die Fährschiffe legen weiter südlich im Hafen der Inselhauptstadt Wyk an. Die Überfahrt dauert rund 50 Minuten und findet das ganze Jahr hindurch bis zu 14-mal täglich statt. Selbst der Winterfahrplan sieht bis zu 12 Abfahrten pro Tag vor. Trotz der vielen Besucher und Urlauber sowie fast 10 000 Einwohnern konnte sich Föhr eine idyllische Atmosphäre bewahren. Das größte Treiben findet im Südosten, im Hauptort Wyk, statt. Die Stadt bietet alles, was sich der Urlauber wünscht: Lange Badestrände, viel Gastronomie, Einkaufsmöglichkeiten und größere Einrichtungen wie ein Krankenhaus, ein Schwimmbad und ein kleiner Flugplatz lassen es an nichts mangeln. Sehr schön ist beispielsweise die Aussicht von der Strandpromenade, von der aus man am Horizont die einzelnen Warften der Halligen sehen kann.

DUNSUM Vor der Kirche wenden Sie sich nach rechts in Richtung Utersum, doch schon an der ersten Möglichkeit können Sie abermals rechts abbiegen, um auf dem Dunsumer Kirchenweg links in Richtung Dunsum zu fahren. Auf dem kurvigen Weg radelt man an Feldern vorbei und überquert Wassergräben, bis man in Dunsum direkt zum Parkplatz am Deich radelt. Der Ausblick – unbezahlbar. Zu sehen ist die südlichste Spitze von Sylt und links daneben die

↑ Vom Radweg zum Wasser ist es meist nur ein kurzer Fußweg durch den Sand.
↗ Entspannt radelt man auf oder am Deich.
→ Zu den Halligen in der Nähe der Insel gelangen Gäste per Gleis.

nördlichste Spitze von Amrum. Dazwischen befinden sich der Horizont und der freie Blick auf Großbritannien – theoretisch zumindest. Aber der Ausblick auf die Nordsee ist natürlich auch schön und unterstreicht den genussvollen Aufenthalt auf dem Eiland.

SÜDSTRAND Etwas mehr als zwei Kilometer sind es nach Süden, also nach links, bis zur nächsten Ortschaft Utersum, die gleich mit einem langen Strand aufwartet. Oder, um es korrekter zu sagen: In Utersum beginnt der Sandstrand, der vom westlichen Teil der Insel am Südufer bis zum Fährhafen bei Wyk verläuft. Folgen Sie von Utersum aus der Beschilderung nach Hedesum, wo Sie kurz vor dem Ort rechts auf die Landwirtschaftswege zwischen den Feldern einbiegen können. In einem Zickzackparcours radeln Sie auf diese Weise zwischen der Landstraße, die nach Nieblum führt, und dem Küstenabschnitt. Es gibt immer wieder Möglichkeiten, bis an den Strand heranzufahren und die Füße ins Salzwasser einzutauchen. In Nieblum fahren

Tipp

GUTEN APPETIT

Die meisten Einkehrmöglichkeiten auf der Insel Föhr bieten sich natürlich in der Inselhauptstadt. Doch auch abseits von Wyk locken zahlreiche Restaurants, so zum Beispiel Karins Landcafé in Süderende. Bei Kaffee und Kuchen schaut man den Kleinen dabei zu, wie sie sich auf dem Spielplatz austoben oder die Esel streicheln, die schon mal neugierig an den Zaun kommen. Außerdem kann man hier verschiedene Marmeladen direkt am Café kaufen und sich etwas für den nächsten Morgen mitnehmen.

Sie an der kleinen Grünanlage mit dem Teich De Meere vorbei und verlassen die Ortschaft über die Straße Bi de Süd. Sie führt zwar ebenfalls zu einer etwas stärker befahrenen Landstraße, doch dieser muss man nicht lange folgen. Hier einfach rechts abbiegen und im Zickzack zwischen den Feldern und an einem Golfplatz vorbei, bis die ersten Häuser von Wyk auf Föhr erscheinen. Nun bieten sich die Straßen Am Golfplatz und Gmelinstraße an, um zur Promenade vom Südstrand zu gelangen. Wer will, kann hier einfach das Strandleben genießen und entlang der Promenade in Richtung Fährhafen zurückfahren. Alternativ funktioniert das auch quer durch den Ort auf der Badestraße.

INFO

Mittel | **42 km** | **93 Hm** | **3.00 Std.**

HIGHLIGHT

Naturparadies

TOURENCHARAKTER

Rundtour auf asphaltierten Radwegen, Neben- und Wirtschaftsstraßen

AUSGANGS-/ENDPUNKT

Fähranleger, Hafen, Wyk auf Föhr

GPS

54.691366, 8.572829

ANFAHRT

Auto: Der Festlandbahnhof Dagebüll liegt rund 11 Kilometer westlich der B 5.

Bahn: Der Bahnhof Dagebüll wird mit Regionalbahnen angefahren und befindet sich direkt am Fähranleger. Von dort weiter mit der Fähre auf die Insel.

KOMBINIERBAR MIT

keiner anderen Tour

E-BIKE-LADESTATION

leider keine

RADVERLEIH

Wyk auf Föhr: Petersen, Königstr. 2; Elektrorad-Verleih, Hemkweg 5; Deichgraf, Hafenstr. 5; Seefahrer, Boldixumer Str. 9; Schulz, Süderstraße 22; Fehr, Badestraße 6; Föhr Bike, Koogskuhl 1; Rückenwind, Ocke-Nerong-Str. 24; Oldsum: Föhr Bike, Haus 10; Utersum: Jaardenhuug 10a; Hansen, Waaster Jürgem 6; Borgsum: Ketels, Taarepswoi 20; Nieblum: Nordseewind, Jens-Jacob-Eschelstr. 26; Welluper, Jens-Jacob-Eschelstr. 5

RADKARTEN

ADFC-Regionalkarte 1:75 000, Schleswig-Holsteinische Nordseeküste mit Inseln

INFORMATION

www.foehr.de

ZU DEN DÜNEN AUF AMRUM

Inselrundfahrt mit zahlreichen Spaziergängen zwischendurch

So viele Anreisemöglichkeiten, ob von Dagebüll auf dem Festland oder den Nachbarinseln Sylt und Föhr, wollen natürlich genutzt werden. Da die Insel Amrum selber gar nicht so ausgesprochen groß ist, ließe sich die Rundfahrt sogar als Tagesfahrt von einer der anderen Inseln aus gut kombinieren.

2

Mit weiter Landschaft begeistert die Nordsee immer wieder.

WITTDÜN AUF AMRUM Auch auf der zweiten Inselrundfahrt in der Nordsee startet man natürlich am Fährhafen, und wie auf den meisten Inseln üblich, kann man sich dort direkt schon nach wenigen Schritten ein Fahrrad leihen, falls man nur als Fußpassagier die Fährüberfahrt hinter sich gebracht hat. Somit geht es dann auch gleich schon los und man lernt nicht nur den Fahrradverleih kennen, sondern auch die Einkehrmöglichkeiten und kleinen Shops wie den Teekontor auf der Inselstraße. Auf der Inselstraße radelt es sich bequem aus dem kleinen Hafenörtchen hinaus und auf der linken Seite erscheinen die ersten Dünen der weiten Dünenlandschaften. Hier steckt Urlaub drin, das ist sofort zu spüren und jede Alltagssorge lässt man gleich hinter sich. Die Dünen allerdings auch erstmal, die kann man sich auch für den Abschluss der Radrunde aufbewahren. Daher geht es zunächst weiter bis Süddorf, wo man ebenfalls einen Abstecher einlegen kann. An dem kleinen Sträßchen Stianoodswai geht es zum Beispiel in östliche Richtung, also in Richtung Festland. Zwischen einigen Ferienpensionen und weiteren Restaurants erheben sich einige frühzeitliche Hügelgräber, die vermutlich aus der Bronzezeit stammen.

Sie sind nur einige der archäologischen Highlights, die Amrum zu bieten hat. An dieser Stelle sollen es über 80 Grabhügel gewesen sein, doch nur wenige sind noch vorhanden. Netter Nebeneffekt: Sie können betreten werden und bieten einen schönen Rundumblick. An der Küste lässt es sich gemütlich auf einem schmalen Schotterweg weiterfahren, wenn Sie nach links abbiegen. Dabei erreichen Sie automatisch die Ortschaft Nebel, die zu Beginn des 16. Jahrhunderts gegründet wurde. Nach Süddorf und Norddorf war sie damit übrigens schon die dritte Ortschaft auf der Insel. Auch hier gilt natürlich wieder,

↑ Nach der Radtour ist vor dem Strandspaziergang.
↓ Natürlich ist man immer unter den Blicken der Möwen unterwegs.

Tipp

GUTEN APPETIT

Im »Strandpirat« auf Amrum macht schon alleine der Name auf sich aufmerksam. Ausgeraubt wird man hier nicht, keine Sorge. Für das Geld gibt es großzügige Portionen und vor allen Dingen auch eine große Abwechslung an Speisen. Vom Matjes bis zum Apfelstrudel ist sicherlich für jeden etwas dabei. Doch das Besondere am Restaurant Strandpirat ist die Lage. Nur durch eine Glasscheibe ist man vor den Kräften der Natur geschützt, die sich gleich neben der Terrasse in Form der Dünen zeigt. Nach dem Essen genießt man also den Verdauungsspaziergang nur wenige Meter weiter direkt am Strand.

Tipp

SCHLESWIG-HOLSTEIN-ERFAHRUNG

Um nach Amrum zu gelangen, benötigt die Fähre rund 90 Minuten, mit Zwischenstopp auf Föhr gelangt man in rund zwei Stunden auf die äußere Insel. Anders als Föhr bildet Amrum eine mehr von Nord nach Süd lang gestreckte Insel. Auf der Westseite besitzt die Insel einen breiten Sandstrand, der auch als Kniepsand bezeichnet wird. Die einzige nennenswerte Straße verbindet von Süd nach Nord die Orte Wittdün, Süddorf, Nebel und Norddorf. Als fünfte Ortschaft wird das Dorf Steenodde an der Ostküste gezählt. Die Reihenfolge der vier Orte ergibt sich aus der Reisemöglichkeit auf Amrum, da die Fähren in Wittdün anlegen. Fahrradvermietungen findet man gleich am Fähranleger. Ungewöhnlich für eine Nordseeinsel ist der große Baumbestand, es gibt sogar Wälder auf Amrum. Doch als Hauptattraktion gilt die faszinierende Dünenlandschaft. Wahrzeichen ist der rot-weiße Leuchtturm zwischen Wittdün und Süddorf. Fast 200 Stufen führen hinauf.

Das Meer ist oft nur eine Heide oder Düne entfernt.

dass man sich vor Speis und Trank kaum retten kann. Jede Menge Einkehrmöglichkeiten lassen die Wahl zur Qual werden. Aber auch Sehenswertes bietet Nebel. Radeln Sie doch einfach mal zur St.-Clemens-Kirche, die von einem kleinen Friedhof umgeben ist. Beim Blick in das Innere des schmalen Gotteshauses sieht man an der Wand auf der rechten Seite eine interessante, aus Holz geschnitzte Skulpturengruppe der Apostel. Draußen wiederum sind die sogenannten Erzählenden Grabsteine spannend. Exakt 169 historische Grabsteine, die zum Teil bis in das 17. Jahrhundert zurückreichen, berichten über die Geschichte der jeweiligen Verstorbenen bzw. Amrumer Bürger. Die Grabsteine wurden mit Spenden restauriert und neu gestaltet. Dabei wurden sie auch mit QR-Codes versehen, um die jeweilige Geschichte auch online lesen zu können.

NORDDORF An der Kirche geht es auf dem Waasterstigh vorbei am Neuen Friedhof und aus Nebel hinaus. Nordwärts radeln Sie nun zwischen Feldern in Richtung Norddorf und können dieses ebenfalls durchqueren. Es geht noch ein Stück weiter nach Norden bis zum Fahrradparkplatz am Naturschutzgebiet Amrumer Odde. Hier brüten zahlreiche Vogelarten und es besteht die Möglichkeit, auf den Wegen zwischen der Dünenlandschaft bis zu einem Aussichtspunkt an der Nordspitze von Amrum zu gelangen. Rund zwei Stunden sollte man für die Umrundung der Amrumer Odde einplanen. Schon alleine, weil man mit etwas Glück unterwegs auch Seehunde beobachten kann.

HEIDE UND DÜNEN Zurück in Norddorf sollte man die Fahrräder auf dem Fahrradparkplatz gegenüber der Kirche abstellen. Denn von dem angrenzenden Minigolfplatz aus führt ein fast ein Kilometer langer Holzbohlenweg durch die Heide- und Dünenlandschaft Amrums bis zum Aussichtspunkt mit dem Namen Himmelsleiter. Er markiert den höchsten Aussichtspunkt der Insel und ist zugleich der Übergang zum weitläufigen Strand.

Entlang der kleinen Straßen auf der Insel gelangt man spielend einfach wieder nach Nebel und nach Süddorf. Spätestens hier sollte man ein weiteres Mal einen Abstecher in die faszinierende Landschaft einplanen. An der Touristinformation von Wittdün besteht außerdem die Möglichkeit, zum Nehrungssee, einem weiteren Vogelparadies zu gelangen. Aber natürlich wieder per Holzbohlenweg, also zu Fuß. Etwas später erreicht man wieder das kleine Örtchen Wittdün und den dort befindlichen Fährhafen, mit dem man leider Abschied von der Insel nehmen muss.

INFO

HIGHLIGHT
Naturparadies

TOURENCHARAKTER
Rundtour auf asphaltierten Radwegen, Neben- und Wirtschaftsstraßen

AUSGANGS-/ENDPUNKT
Fähranleger in Wittdün auf Amrum

GPS
54.691366, 8.572829

ANFAHRT
Auto: Der Festlandbahnhof Dagebüll liegt rund 11 Kilometer westlich der B 5.
Bahn: Der Bahnhof Dagebüll wird mit Regionalbahnen angefahren und befindet sich direkt am Fähranleger. Von dort weiter mit der Fähre auf die Insel.

KOMBINIERBAR MIT
keiner anderen Tour

E-BIKE-LADESTATION
leider keine

RADVERLEIH
Wittdün: Marcs Fahrradverleih, Inselstr. 12; Raederei, Inselstraße 14a; Amrumer Radhaus, Achtern Strand 14; Süddorf: Tadsen, Waasterstigh 38a; Nebel: Stefans Fahrradverleih, Strunwai 8; NordZeit, Waasterstigh 22; Fahrradverleih Nebel, Uasterstigh 11

Leicht	24 km	92 Hm	2.00 Std.

RADKARTEN
ADFC-Regionalkarte 1:75 000, Schleswig-Holsteinische Nordseeküste mit Inseln

INFORMATION
www.amrum.de

Ausblick vom Turm in Bredstedt bis zu den Halligen

3

VON BREDSTEDT AUF DIE HAMBURGER HALLIG

Genusstour in der Marschlandschaft und den Salzwiesen

Gemütlicher geht es auf einer Radtour kaum. Der Ausgangsort ist relativ klein, das Ziel ist absolut ruhig bzw. abseits gelegen und zwischendrin radelt man durch eine flache Landschaft, in der einzelne Bauernhöfe die einzigen Ansiedlungen sind. Zum Abschluss gibt es schließlich noch die Besteigung eines Turmes, um sich die zurückgelegte Strecke noch einmal von oben anzuschauen.

BREDSTEDT Der dreieckig angelegte Marktplatz von Bredstedt ist ein guter Ausgangspunkt für eine Radtour zur Hamburger Hallig. Einige Einkehrmöglichkeiten stärken vor der Tour, und in den Bäckereien des Ortes gibt es auch noch etwas Proviant für unterwegs. Sehr praktisch. Bredstedt ist außerdem überschaubar und das Verlassen des Ortes ist nicht vergleichbar mit dem Start einer Radtour in Kiel, Lübeck oder Flensburg. Hier geht es zunächst mit wenigen Pedalumdrehungen auf der Bohnenstraße bis zur Westerstraße, die nach links abzweigt. Auf ihr ist es nur ein kleines Stück und schon lässt man die letzten Häuser von Bredstedt hinter sich. Von nun an radelt man durch die weite Marschlandschaft mit ihren Feldern, zwischen denen einige Höfe wie hingesprenkelt wirken.

MARSCHLANDSCHAFT Folgen Sie der Straße rund eineinhalb Kilometer bis zu einer T-Kreuzung, an der Sie nach rechts abbiegen. Zwischen mehreren Windrädern hindurch und an einigen Bauernhöfen vorbei gelangen Sie zur Straße Sönke-Nissen-Koog, an der Sie nach rechts abbiegen und einen kleinen Wassergraben überqueren. An dem gleichnamigen Weiler, der wenig später folgt, weist ein Schild nach links zur Hamburger Hallig und zum Amsinck-Haus, das sich noch vor dem Deich erhebt. Diesem folgen Sie noch gut einen Kilometer, um sowohl das Amsinck-Haus als auch den Startpunkt für den Besuch der Hamburger Hallig zu erreichen.

Eine Wegbeschreibung bis zum Ende der Hamburger Hallig erübrigt sich natürlich. Wunderschön geradeaus verläuft der Weg durch die Salzwiesen und an den Schafen vorbei. Ein Verirren ist schlicht unmöglich, die Warft mit der Hallig Krog ist schon von Weitem zu sehen. Gleiches gilt natürlich für den Rückweg. Doch zurück am Deich, überqueren Sie diesen und wenden sich am Am-

Tipp

SCHLESWIG-HOLSTEIN-ERFAHRUNG

Das Amsinck-Haus ist ein Informations- und auch Servicegebäude, das mit einer kleinen Ausstellung über die Gemeinden und Köge in der Region informiert. Außerdem werden von hier aus Führungen durch die Salzwiesen und zur Hamburger Hallig organisiert. Zu guter Letzt kann man sich zwischen April und Oktober für einen geringen Betrag eines der Fahrräder mieten, um die Hallig zu erreichen. Außerhalb der Öffnungszeiten zwischen 10 und 18 Uhr dürfen die Räder sogar auf Vertrauensbasis im Rahmen der Selbstbedienung ausgeliehen werden. Allerdings sind diese nicht für Radtouren durch die Koog-Landschaft gedacht, sondern sollen alleine eine Alternative bieten, die Hamburger Hallig zu erreichen. Die Hallig ist nämlich durch einen vier Kilometer langen Damm mit dem Festland verbunden und kann entweder zu Fuß oder in der Zeit von April bis Oktober mit dem Pkw erreicht werden. Man muss lediglich direkt am Amsinck-Haus den Deich überqueren und schon geht es los. Der Weg ist schnurgerade und verläuft an den Salzwiesen vorbei zunächst bis zum Schafberg.
Auf dieser Warft befindet sich das Haus des Naturschutzbundes NABU, in dem der dortige Naturschutzwart Auskünfte über die Landschaft gibt. Gleich dahinter beginnt ein parallel verlaufender Naturlehrpfad, der über die Salzwiesen und ihre Bewohner informiert. Die Geschichte der Hamburger Hallig reicht bis in das frühe 17. Jahrhundert zurück, als zwei Hamburger Brüder und Kaufleute auf der alten Insel den nach ihnen benannten Amsinck-Koog eindeichten. Das Haus, das sie auf einer Warft errichten ließen, trug fortan den Namen Hamburger Haus, was auf ihre Herkunft zurückzuführen ist.

INFO

HIGHLIGHT
Naturparadies

TOURENCHARAKTER
Rundtour auf asphaltierten Radwegen, Neben- und Wirtschaftsstraßen

AUSGANGS-/ENDPUNKT
Markt in Bredstedt

GPS
54.618314, 8.963806

ANFAHRT
Auto: Bredstedt liegt an der B 5.
Bahn: Der Bahnhof Bredstedt wird von Regionalbahnen angefahren.

KOMBINIERBAR MIT
keiner anderen Tour

E-BIKE-LADESTATION
Husumer Straße 61 und Kirchenstraße 13, Breklum

RADVERLEIH
Stöberstuv, Dorfstr. 39, Bordelum; Am Amsinck-Haus auf Vertrauensbasis gegen Gebühr, aber nur für die Fahrt auf die Hallig.

Leicht | 32 km | 90 Hm | 3.00 Std.

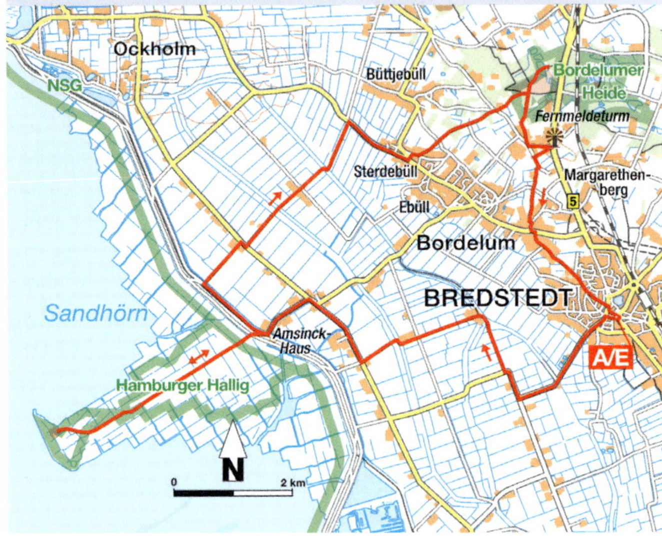

RADKARTEN
ADFC-Regionalkarte 1:75 000, Schleswig-Holsteinische Nordseeküste mit Inseln

INFORMATION
www.bredstedt.de

sinck-Haus nach links. Mit einem letzten Blick auf den Deich und auf die Salzwiesen verabschieden Sie sich von der Nordsee und biegen an der ersten Gelegenheit rechts wieder in Richtung Landesinnere ab.

An der etwas breiteren Landstraße fahren Sie nach rechts und direkt nach links, um die ursprüngliche Fahrtrichtung beizubehalten. So wie bereits beim Verlassen von Bredstedt fahren Sie auch hier durch die Marschlandschaft mit Blick auf die Windräder, die aus den weiten Feldern hervorzuwachsen scheinen. An einer T-Kreuzung geht es nach rechts in Richtung Bordelum. Natürlich könnte man den kleinen Ort auf der Dörpstraat einfach durchqueren, doch es lohnt sich noch ein kleiner Umweg rund um Bordelum. Folgen Sie gleich am Ortseingang dem Mittelweg nach links und direkt im Anschluss dem Norderreeg nach rechts. Auf dem Sterdebüller Drift lassen Sie die Siedlung gleich wieder hinter sich und radeln in Richtung Westerbordelumfeld, einem kleinen Weiler neben dem Naturschutzgebiet Bordelumer Heide. Noch vor der Bundesstraße 5 wenden Sie sich nach links, um das Fahrrad kurz abzustellen und die wunderbare Heidelandschaft mit ihren kleinen Gewässern und den Holzbohlenwegen zu Fuß kennenzulernen. Das Areal ist nicht besonders groß, bietet aber eine schöne Abwechslung zu der bisher durchquerten Marschlandschaft.

RÜCKKEHR NACH BREDSTEDT Auf der Fahrt zur Heidelandschaft konnte man bereits aus einiger Entfernung den über 100 Meter hohen Fernmeldeturm Bredstedt sehen. Über den Landwirtschaftsweg ist diese Landmarke von der Heide aus in wenigen Minuten gut zu erreichen. Anders als die meisten anderen Fernmeldetürme ist er nämlich zum Teil für die Öffentlichkeit zugänglich. Natürlich kann man nicht bis ganz oben hinauf, aber zumindest eine Aussichtsplattform in rund 20 Metern Höhe bietet einen schönen Rundumblick über die flache Landschaft bis hin zur Hamburger Hallig. Und so kommt man doch noch einmal in den Genuss, das Meer zu erblicken. Anschließend radeln Sie über das Dorf Ost-Bordelum und auf der Straße Süderende bis in das Zentrum von Bredstedt hinein, wo sie halb rechts direkt wieder am Marktplatz ankommen.

Tipp

GUTEN APPETIT

Mehr Meer geht kaum. Auf einer Hallig zu speisen, ist schon für sich alleine etwas Besonderes. So viele Halligen gibt es in Deutschland ja nicht. Noch weniger sind es, auf denen man als Gast einkehren kann. Auf der Warft der Hamburger Hallig kommt dann noch hinzu, dass man von jemandem bekocht wird, der als Küchendirektor auf der MS Deutschland die Ozeane befuhr. Dieses Kreuzfahrtschiff kennt man aus dem ZDF als »Das Traumschiff«. Daher wird also zwischen Wattenmeersalat und dem Besten von Nordfrieslands Salzwiesen, wie die geräucherten Kotelettes auf der Speisekarte genannt werden, ein kulinarischer Traum wahr.

↓ Auf dem Weg zur Hamburger Hallig radelt man durch Salzwiesen.
→ Hoch hinaus geht es auf den Turm in Bredstedt.

VON HUSUM AUF DIE HALBINSEL NORDSTRAND

Von wegen Graue Stadt am Meer – grüne Landschaften an der Küste

Eine schöne Tagestour, auf der es viel zu sehen gibt, bietet die Rundfahrt ab Theodor Storms Husum entlang der Küste bis Nordstrand. Die Halbinsel wird fast komplett umrundet und verwirrt beinahe mit ihren Ortsnamen. Über einen schmalen Deich radeln Sie schließlich zum Festland zurück und genießen pure Natur und zahlreiche Vogelschwärme.

4

Gemütliches Flanieren und Einkehren am Hafen von Husum

HUSUM Alleine in Husum gibt es bereits jede Menge zu entdecken und zu besichtigen. Nicht umsonst kann man sich auf die Spuren von Theodor Storm begeben und die als »Graue Stadt am Meer« bezeichnete Ortschaft besichtigen. Wer sich lieber auf das Radeln konzentrieren möchte, aber dennoch im Vorbeiflug einen kleinen Eindruck erhaschen will, der sollte an der Husumer Au, dem kleinen Hafen im Stadtzentrum, starten. Dort gibt es nicht nur jede Menge Möglichkeiten, sich vor der Radtour zu sättigen, sondern auch die kleine Promenade am nördlichen Kai zu betrachten und die schmale, aber bewegliche Fußgängerbrücke zu überqueren. Sollte die Ampel an der Brücke gerade Rot zeigen, weil ein Schiff queren möchte, dann radelt man eben einfach auf der Nordseite bis zum Ende des Hafenbeckens. Dort befindet sich noch das Schiffahrtsmuseum Nordfriesland, das natürlich auch ein wenig Zeit für die Besichtigung erfordert. Einen kleinen Teil der Ausstellung sieht man aber bereits im Außenbereich am Hafenkai.

Das Wohnhaus von Theodor Storm befindet sich in einer Parallelstraße zur Hafenstraße und kann in der Straße Wasserreihe natürlich besichtigt werden. Aber Achtung: Wer in Husum alles besuchen möchte, kommt gar nicht mehr dazu, zu radeln. Über den nahe gelegenen Marktplatz und durch die Straße Schloßgang erreicht man auch das Schloss vor Husum. Klingt seltsam, weil man sich ja zusammen mit dem herrschaftlichen Gebäude inmitten der Stadt befindet. Doch das Schloss vor Husum breitete sich nach Fertigstellung im 16. Jahrhundert noch außerhalb der eigentlichen Stadt aus – daher der ungewöhnliche Name. Wer übrigens im Frühjahr kommt, der wird im Schlosspark eine wahre Farbenpracht erleben. Millionen von Krokussen lassen die Grünanlage in ihrer schönsten Pracht erblühen.

Von wegen Graue Stadt. Husum zeigt sich mit prächtigen Bauten.

An der nordöstlichen Ecke des Schlossparkes radeln Sie bis zur Marktstraße und folgen dieser stadtauswärts bis zur nächsten großen Kreuzung. Hier fahren Sie halb links in die Schobüller Straße, auf der Sie zunächst Bahngleise überqueren und sich wenig später dem Ortsausgang nähern. Sie geht automatisch in die Nordseestraße über, die durch den Ort Schobüll verläuft. Die evangelische Kirche zur Rechten und ein Campingplatz

Tipp

GUTEN APPETIT

Der Schaukasten an der Hausfassade, in dem klassischerweise die Speisekarte abgelesen wird, verkündet es bereits: Dragseth's Gasthof ist die älteste Einkehrmöglichkeit in Husum. Bereits im Jahr 1584 saßen Gäste in dem gemütlichen Lokal und blickten auf den nahen Hafen. Kann aber auch sein, dass sie hinter dem Haus in dem ebenfalls urigen, mit Kopfsteinpflaster ausgelegten Innenhof saßen und es sich bei einer lokalen Fischspeise gut gehen ließen. Heute funktioniert das auf jeden Fall wunderbar.

Tipp

SCHLESWIG-HOLSTEIN-ERFAHRUNG

Nordstrand war einst eine Insel, ist aber mittlerweile nur noch eine Halbinsel. Die Inseln in Nordfriesland, allen voran Nordstrand, sind ein schönes Beispiel dafür, wie sich ein Küstenverlauf innerhalb weniger Jahrhunderte verändern kann. 1362 entstand mit der sogenannten Zweiten Marcellusflut eine halbkreisförmige Insel, auf der die damalige Ortschaft Rungholt nicht mehr existierte. Die beiden Enden der Insel waren die heutigen Inseln Nordstrand und Pellworm. Im 17. Jahrhundert folgte schließlich die Burchardiflut, die dem Küstenabschnitt weitgehend das heutige Aussehen gab. Hinzu kamen natürlich noch die von Menschenhand erfolgten Eingriffe mit dem Eindeichen und der Erstellung von Kögen. In diesem Zusammenhang wurde aus der Insel Nordstrand auch wieder die heutige Halbinsel. Daher erreicht man Nordstrand heute über einen Damm, auf dem die Pohnshalligkoogstraße verläuft.

Nach einem Blick auf die Kutter in Nordstrand radelt man wieder zurück.

zur Linken, schon geht es weiter entlang der Altendorfer Straße in Richtung Nordstrand.

NORDSTRAND In einem großen Bogen verläuft die Straße auf dem Damm entlang, über den man nach Nordstrand gelangt. Nach einem Stopp an dem Willkommensschild auf der linken Seite hat man die freie Auswahl, wie man die Halbinsel befährt. Empfehlenswert ist es, sich links zu halten und zunächst am Deich entlangzufahren. Diese Strecke bietet mehrere Vorteile: Man meidet die Hauptstraße und hat damit mehr Ruhe. Andererseits kann man immer wieder den Blick über die Salzwiesen auf das Meer genießen. Und dies ist die ideale Möglichkeit, Nordstrand weitgehend zu umrunden und über den Beltringharder Koog wieder zu verlassen, ohne Strecken doppelt zu befahren. Radeln Sie am besten am südlichen Ufer von Nordstrand mit ein wenig Gegenwind nach Süderhafen. Der kleine, ruhige Ort bietet kaum mehr als einen Hafen in den Salzwiesen und einige Ferienhäuser, aber auch einige Einkehrmöglichkeiten. Theoretisch können Sie ab Süderhafen auch weiter dem Deichverlauf folgen, aber man soll auch mit der Streckenlänge nicht übertreiben. Warum also nicht einfach mehr oder weniger quer über die Halbinsel fahren und auf der Evensbüller Chaussee nach Süden fahren? Gemeint ist hier jedoch nicht die Himmelsrichtung, sondern ein kleines Dorf südlich von England. Ja, die Ortsnamen auf Nordstrand scheinen verwirren zu wollen. Auch England ist nur eine kleine Siedlung auf Nordstrand.

ZURÜCK NACH HUSUM Von Süden geht es weiter nach Westen. In diesem Fall stimmt sogar beides: Himmelsrichtung und Name der kleinen Gemeinde, mit der man wieder den Deich erreicht. Hier wenden Sie sich nach rechts und folgen stets wieder dem Küstenabschnitt. Unterbrochen wird die

Fahrt entlang des Deiches lediglich durch den Hafen, von dem aus die Fährschiffe nach Pellworm ablegen. Während der Fahrt an der Küste verlässt man Nordstrand fast unbemerkt, wäre da nicht auch auf der rechten Seite plötzlich Wasser. Denn der schmale Damm ist Teil des Beltringharder Kooges und dient zur Eindeichung der Landschaft. Auf der linken Seite sieht man in ungefähr drei Kilometern Entfernung die Hallig Nordstrandischmoor. Sie ist durch die Halligbahn mit dem Koog verbunden und wenig später an einem Parkplatz zu sehen.

An dem Parkplatz schlagen Sie den Lenker nach rechts ein und radeln an mehreren Vogelbeobachtungshäuschen an dem Vogelparadies vorbei bis zum Festland. Gleich an der ersten Kreuzung wenden Sie sich abermals nach rechts und folgen dem kurvigen Weg am Ufer der Arlau entlang. Sie überqueren den Fluss an einer Schleuse und folgen dem Deichweg bis Wobbenbüll, wo Sie rechts in die Dorfstraße einbiegen. Nach rund 800 Metern erkennen Sie die Altendorfer Straße wieder, auf der Sie jetzt links wieder über Schobüll nach Husum fahren.

INFO

HIGHLIGHT
Naturparadies

TOURENCHARAKTER
Rundtour auf asphaltierten Radwegen, Neben- und Wirtschaftsstraßen

AUSGANGS- UND ENDPUNKT
Hafenstraße am Hafen in Husum

GPS
54.474822, 9.046687

ANFAHRT
Auto: Husum liegt direkt an der B 5 sowie an der B 200 und der B 201. Bahn: ICs und Regionalzüge fahren ab Hamburg nach Husum.

KOMBINIERBAR MIT
keiner anderen Tour

E-BIKE-LADESTATION
Hüttenweg 26, Elisabeth-Sophien-Koog

RADVERLEIH
Husum: Gramberg, Nordbahnhofstr. 48; Radstation des Diakonischen Werkes, Poggenburgstr. 12; Nordstrand: Kreuzweg 3; Süden 8 und Osterdeich 28

RADKARTEN
ADFC-Regionalkarte 1:75 000, Schleswig-Holsteinische Nordseeküste mit Inseln

INFORMATION
www.husum-tourismus.de; www.nordstrand.de

Friedrichstadt ist ein Mix aus sehenswerten Häusern und Grachten.

5

UNTERWEGS IN DER FLACHEN MARSCHLANDSCHAFT

Erholung pur zwischen Friedrichstadt und Tönning

Zwei schöne Städte laden zu einem Besuch ein, den man sich nicht entgehen lassen sollte. Friedrichstadt bezirzt mit einer interessanten Geschichte, die sich auch im Stadtbild bemerkbar macht, und Tönning bietet beste Ausblicke auf die Eider. Zwischendrin erstreckt sich die Marschlandschaft, die mit ihren flachen Straßen und Wegen geradezu ein Eldorado für Radler ist.

FRIEDRICHSTADT Auf dem Marktplatz schwingt man sich auf den Sattel und radelt am Mittelburggraben nach rechts. Diesem kleineren Wasserlauf folgt mit dem Ostersielzug ein etwas größerer, der über die Brücke gequert wird. Nun verlässt man die Altstadt und radelt über die Brückenstraße bis zur Bundesstraße. Biegen Sie links ab und radeln Sie im Bogen gleich über die nächste Brücke. Diese überspannt die Eider, der Sie erst kurz vor Tönning wieder begegnen. Die Fahrt verläuft zunächst etwas unruhig an der Bundesstraße entlang, doch rund 400 Meter hinter dem Landgasthof Sankt Annen zweigt der Aaskuhlenweg nach rechts ab. Er bringt Sie über die Bahngleise, die Friedrichstadt mit der größeren Ortschaft Heide verbindet.

An der ersten Gelegenheit hinter der Bahntrasse nach links und zwischen den weiten Feldern an zwei Höfen vorbei. Hinter dem zweiten Hof entscheiden Sie sich an einer Gabelung für den Preiler Dammweg halb rechts. Dieser wird schnell nach links verlassen, um auf dem Landwirtschaftsweg in den Weiler Dahrenwurth zu gelangen. Für schleswig-holsteinische Verhältnisse könnte man beinahe behaupten, dass es nun etwas urbaner wird. Doch es ist nur das Dorf Lehe, das gestreift wird. Biegen Sie auf dem Hauptweg hinter der Seniorenanlage rechts ab und radeln Sie auf der Deichstraße und der Koogstraße durch das ruhige Wohnviertel.

KURZBESUCH AN DER EIDER An der Ringstraße schlagen Sie den Lenker nach rechts ein und lassen die Ortschaft hinter sich. Am Café mit dem Namen Liebevoll hinterm Deich lohnt sich eine kleine Pause, bevor es auf das Ufer der Eider zugeht. Den Fluss erblickt man nur wenige Hundert Meter, dann entfernt sich der Radweg wieder vom Ufer und überquert einen kleineren Zufluss. An einer quer verlaufenden Landstraße

Tipp

SCHLESWIG-HOLSTEIN-ERFAHRUNG

Die Geschichte Friedrichstadts ist mit der von Glückstadt verbunden. Wurde die Stadt an der Elbe vom dänischen König Christian IV. gegründet, so zeichnet für Friedrichstadt sein Neffe, Friedrich III. verantwortlich. Beide konkurrierten miteinander und Herzog Friedrich wollte ebenfalls eine lebendige Stadt mit florierendem Handelshafen erbauen. Remonstranten, also Zugehörige einer protestantischen Religionsgemeinschaft aus den Niederlanden, erhielten das Angebot, sich hier niederzulassen. 1621 entstand das erste Gebäude und bis in das 18. Jahrhundert dominierten die Niederländer das Ortsbild sowie die Sprache in der Stadt. Da es sich bei Friedrichstadt nicht um eine gewachsene, sondern um eine auf dem Reißbrett geplante Stadt handelt, sind die wenigen Straßenzüge überwiegend rechtwinklig angelegt. Auch hier ist der Einfluss der Niederländer deutlich erkennbar, denn die Stadt, die zwischen den beiden Flüssen Treene und Eider liegt, beherbergt Siele und Grachten und erinnert daher ein wenig an Amsterdam.

An den Wohnhäusern von Friedrichstadt wird nicht geparkt, sondern angelegt.

Tipp

GUTEN APPETIT

Liebevoll – das Wort ist Programm im Café Liebevoll westlich von Lehe. Es ist das einzige Gebäude im näheren Umfeld, umgeben von einem weiten Feld. Man kann es also nicht übersehen, dennoch weist einem ein rot-weißer Leuchtturm den Weg, dabei ist man hier noch weit weg von der Küste. Gleich daneben ein Spielplatz und eine überdachte Terrasse mit Blick auf die Strandkörbe, die sich dank Rollen mit Leichtigkeit in die gewünschte Richtung drehen lassen. Ach ja, das Essen: Liebevoll wird hier darauf aufmerksam gemacht, dass es den ganzen Tag Frühstück gibt.

biegen Sie rechts ab und radeln bis zu den Häusern, die sich in einer Linkskurve auf der rechten Seite befinden. Hier bleiben Sie geradeaus bis zum Ende, biegen links ab und gelangen zur B 5. Diese breite und viel befahrene Straße ist der Wegbegleiter, um die Eider abermals zu überqueren. Auf der anderen Flussseite angekommen, geht es an der ersten Möglichkeit nach rechts, um die Bundesstraße zu unterqueren und auf der Eiderstedter Straße in das Ortszentrum von Tönning zu gelangen.

Auch Ausflüge sind auf den Grachten möglich.

TÖNNING Nach einem Besuch des Schlossgartens und einem Blick auf die St.-Laurentius-Kirche verlassen Sie die Altstadt über den Neuweg. Entlang der Friedrichstädter Chaussee radeln Sie bis zum Kreisverkehr, bleiben geradeaus und unterqueren die Brücke der B 202. An der zweiten Einmündung hinter der Unterführung biegen Sie in den Ellworther Weg ein und verlassen Tönning. Auf dem anfänglich kurvigen Weg sind Sie etwas über drei Kilometer unterwegs, bis Sie an eine T-Kreuzung gelangen. Am Toftinger Sielzug biegen Sie rechts auf die Kotzenbüller Chaussee ab und wenden sich sofort nach links, um weiter auf dem Landwirtschaftsweg in Richtung Oldenswort zu gelangen.

MARSCHLANDSCHAFT BIS FRIEDRICHSTADT Die Situation scheint sich kurze Zeit später zu wiederholen. Sie treffen erneut auf eine T-Kreuzung an einem Sielzug und wenden sich abermals nach rechts. Dieses Mal bleiben Sie aber geradeaus und durchqueren den kleinen, gemütlichen Ort Oldenswort. Die wenig befahrene Straße führt ostwärts aus dem Dorf hinaus und bringt Sie nach vier weiteren Kilometern zum Dorf Witzwort. Auch dieser kleine Ort wird nur kurz gestreift, doch es lohnt sich ein kurzer Abstecher auf der Kirchstraße zur schönen evangelischen Kirche in der Dorfmitte. Anschließend verläuft die Radtour weiter zwischen den Feldern hindurch und in einem weiten Bogen bis zur B 5, die dieses Mal nur kurz überquert wird. Entlang des Dingsbülldeiches fahren Sie bis zum Norddeich und halten sich vor der Bahnlinie rechts, um wenig später nach Koldenbüttel hineinzuradeln. Nun fehlt nur noch ein kleines Stück zum Ausgangspunkt der

INFO

HIGHLIGHT
Stadtspaziergang

TOURENCHARAKTER
Rundtour auf asphaltierten Radwegen, Neben- und Wirtschaftsstraßen

AUSGANGS-/ ENDPUNKT
Am Markt, Marktplatz Friedrichstadt

GPS
54.376547, 9.088397

ANFAHRT
Auto: Friedrichstadt ist leicht über die B 202 erreichbar.
Bahn: Mit der Regionalbahn ab Husum oder Heide nach Friedrichstadt

KOMBINIERBAR MIT
keiner anderen Tour

E-BIKE-LADESTATION
Kaffee Kränzchen, Bruersgang, Oldenswort

RADVERLEIH
Friedrichstadt:
Radverleih (Touristinformation);
Raimondo, Prinzenstraße 3;
Tönning:
Pedalerie, Stiftweg 5

RADKARTEN
ADFC-Regionalkarte 1:75 000, Schleswig-Holsteinische Nordseeküste mit Inseln

INFORMATION
www.friedrichstadt.de;
www.toenningtourismus.de

Leicht | 46 km | 76 Hm | 3.30 Std.

Mit dem Rad überquert man die Grachten auf historischen Brücken.

Radtour. In Koldenbüttel halten Sie sich links und folgen der Mühlenstraße bis zur kleinen Straße Treendeich, die vor dem Bahnübergang nach rechts abzweigt. Jetzt geradeaus und parallel zum Bahndamm radeln, bis der Radweg auf die B 202 trifft. Hier links abbiegen und hinter dem Bahnübergang wieder links. Auf dem schmalen Weg, der nach rechts verläuft, radeln Sie an einem Spielplatz vorbei, überqueren auf der schmalen Brücke den Westersielzug und haben anschließend den Marktplatz von Friedrichstadt erreicht.

NATURGENUSS AN DER NORDSEEKÜSTE

Auf dem Nordseeküstenradweg zwischen Büsum und SPO

Der Nordseeküstenradweg ist nicht die anspruchsvollste Radtour, abgesehen von der Gesamtlänge und den möglicherweise eintretenden Wetter- und Windbedingungen. Aber das tut seiner Schönheit keinen Abbruch. Schafe, Deiche, Watt und Wellen sind Garanten für eine entspannende Tour, die mit einer Brise salzhaltiger Meeresluft garniert wird. Wer also diesen kurzen Abschnitt des Nordseeküstenradweges geradelt ist, will wahrscheinlich noch mehr Meer.

6

Am Strand von Büsum sollte man keinen Sand erwarten.

BÜSUM HAFEN Um den Nordseeküstenradweg näher kennenzulernen, startet man sinnvollerweise direkt am Küstenufer. Ein schöner Ausgangspunkt ist der Museumshafen am Rande der Innenstadt. Hier kann man sich vor der Tour noch in Ruhe umschauen und den maritimen Flair der Stadt erleben. Außerdem grenzt der Hafen direkt an die Fußgängerzone mit ihren zahlreichen Einkehrmöglichkeiten. Vielleicht hat man aber auch Glück und erwischt den Verkauf von frischen Krabben am Museumshafen. Am Hafen geht es durch die Alleestraße und auf der gleich abzweigenden Hohenzollernstraße aus dem Innenstadtbereich Büsums hinaus. Auf der Strandstraße radeln Sie kurz nach rechts, um sogleich links in die Nordseestraße einzubiegen. Dieser folgen Sie bis zum Deich, bis zum Strand, bis zum Meer mit der Familienlagune Perlebucht. Ab jetzt gibt es nur noch Radwege, Deich und eine frische Brise. Biegen Sie nach rechts ab und folgen Sie dem Weg am Deich um die Lagune herum und am Campingplatz vorbei. Nach ein paar Ferienhäusern ist der Blick frei über die Felder auf der rechten und das Meer auf der linken Seite.

TOUR AM DEICH Nur hin und wieder passiert man einen Campingplatz oder einen Picknickplatz. Letzterer bietet sich natürlich für eine Pause an, in der man den zahlreichen Schafen bei ihrem entspannten Grasrupfen zuschaut. Hinter dem ersten Campingplatz wird scharf nach links abgebogen, um sich nicht zu weit von der Küste zu entfernen. Gleich dahinter bleibt die Strecke zwar zugegebenermaßen wenig abwechslungsreich, aber einfach nur schön. Das Meer oder das Watt, je nach entsprechenden Gezeiten, weicht ein wenig den weiten Salzwiesen, die den Küstenabschnitt ebenfalls prägen. Bei Wesselburenerkoog folgt ein weiterer Campingplatz, hinter dem schließlich das beeindruckende Eidersperrwerk auftaucht.

Das Bauwerk lässt man natürlich nicht unbeachtet. Ein längerer Stopp lohnt sich, um das Sperrwerk sowohl von der südlichen als auch von der nördlichen Seite betrachten zu können. An der Nordseite der Eidermündung kommen auch noch die Schifffahrtsschleuse und das Fischbistro Katinger Watt 1 hinzu. Praktisch für alle, die in Büsum ein Fischbrötchen ausgeschlagen haben und jetzt doch eine kleine Zwischenmahlzeit wünschen. Im Anschluss an diese kleine Pause geht es weiter nordwärts, doch nur ein kurzes Stück, denn

Tipp

SCHLESWIG-HOLSTEIN-ERFAHRUNG

Nach der Sturmflut von 1962 wurde das Sperrwerk errichtet. Seit 1973 dient es dem Küstenschutz. Fünf mächtige Tore können je nach Wasserstand auf- und niedergelassen werden. Am südlichen Ende des Sperrwerkes befindet sich ein Parkplatz mit einem kleinen Café, von dem aus man einen guten Blick auf die Ostseite der Anlage hat. Über eine Treppe erreicht man einen Fußweg, der über die fünf Tore entlangführt.
Innerhalb des Eidersperrwerkes verläuft die Straße durch einen Tunnel zum nördlichen Flussufer. Zu sehen gibt es dort die Schleuse, mit der die Schiffe von der Eider in die Nordsee wechseln können. Nur eineinhalb Kilometer weiter nördlich hat man Zugang zum Katinger Watt, bei dem es sich einst um ein Wattgebiet und eine der größten Salzwiesen der Region handelte. Durch Landgewinnung und durch den Bau des Eidersperrwerkes wandelte sich das Areal weitgehend zu einer Grünlandfläche mit Baumbestand, Seen und Wasserläufen. In den 1980er-Jahren wurde es als Naturschutzgebiet ausgewiesen und ist heute ein guter Ort zur Vogelbeobachtung.

↑ Sehenswert ist nicht nur der Museumshafen in Büsum …
↗ … sondern auch das mächtige Eidersperrwerk.

schon nach wenigen Metern erreichen Sie den Ausgangspunkt für einen kleinen Spaziergang zum Vogelbeobachtungsturm am Katinger Watt. Naturfreunde werden auch wenig später noch einen weiteren Halt einlegen wollen. Denn Sie radeln entlang der Straße bis zur Einmündung der Rüxbüller Straße. Der Nordseeküstenradweg zweigt zwar nach links ab, doch man sollte hier einen kleinen Abstecher nach rechts einlegen und direkt darauf noch mal nach rechts fahren. Das Sträßchen Katingsiel ist zugleich Zufahrtsstraße zum Naturzentrum Katinger Watt des Naturschutzbundes NABU. Die Station informiert anschaulich über die hiesige Landschaftsformation und ist ein weiterer Ausgangspunkt zu einer kleinen Aussichtsplattform, von der aus man über das Katinger Watt hinweg die hier brütenden Vögel beobachten kann.

AUF DEM WEG NACH ST. PETER-ORDING

Zurück an der Kreuzung folgen Sie der Beschilderung des Nordseeküstenradweges wieder zum Deich und radeln genussvoll zwischen Schafen, Deich und Watt oder Meer an der Küste entlang. Auf der rechten Seite des Deiches passiert man immer wieder kleine Höfe, Ferienhäuser und natürlich die weiten Felder. Die Salzwiesen, die auf dem kurvigen Weg linker Hand zu sehen sind, verschwinden nach einiger Zeit und machen einer weiten Strandlandschaft Platz. Das ist das Zei-

Tipp

GUTEN APPETIT

Das Auge erlebt am Eidersperrwerk die Naturgewalten zwischen Fluss und Meer. Doch auch die anderen Sinne werden hier verwöhnt. Für den Gaumen und die Zunge gibt es Scholle, Backfisch und andere maritime Speisen, bei denen man beinahe glauben möchte, sie seien vom Sperrwerk direkt auf den Teller gesprungen. Das Fischbistro gibt es zwar erst seit dem Jahr 2012, doch die Inhaber sind bereits viel länger vor Ort und betreiben schon seit 1974 den Aussichtspavillon auf das Eidersperrwerk.

chen, dass man sich vor St. Peter-Ording befindet und dass diese Radtour sich langsam dem Ende nähert. Gleich an der ersten Möglichkeit kann man nach links schwenken und den Strand erreichen. St. Peter-Ording ist bekannt dafür, dass der Strand auch mit Autos und Wohnmobilen befahren werden kann, umso mehr also auch mit dem Fahrrad. Der Böhler Strandabschnitt ist der südlichste des Ortes. Weiter nördlich gelangt man auch noch zur Seebrücke und zum Nordstrand. Außerdem blickt man dort auf die Pfahlbauten, die als Wahrzeichen von St. Peter-Ording gelten. Die Ausgangspunkte für die jeweiligen Strandabschnitte erreicht man bei einer Fahrt weiter entlang am Deich oder geradewegs durch das lang gestreckte Zentrum von SPO, wie St. Peter-Ording auch abgekürzt wird.

INFO

HIGHLIGHT
Naturparadies

TOURENCHARAKTER
Streckentour auf asphaltierten Radwegen, Neben- und Wirtschaftsstraßen

AUSGANGSPUNKT
Ankerplatz am Museumshafen in Büsum

ENDPUNKT
Strand in St. Peter-Ording

GPS
von 54.127237, 8.858986
bis 54.313989, 8.603691

ANFAHRT
Auto: Ab der A 23 über die B 203 nach Büsum. St. Peter-Ording ist über die B 202 erreichbar.
Bahn: Büsum und St. Peter-Ording sind über Regionalbahnen ab Husum bzw. Heide erreichbar.

KOMBINIERBAR MIT
keiner anderen Tour

E-BIKE-LADESTATION
leider keine

RADVERLEIH
Büsum: Joe's Fahrradverleih, Alleestraße 50a; St. Peter-Ording: Fahrradverleih am Internat, Zum Karpfenteich 5; Velo-Express, Bövergeest 85c; Die Bikerei, Stephanweg 3

Leicht | 43 km | 51 Hm | 3.00 Std.

RADKARTEN
ADFC-Regionalkarte 1:75 000, Schleswig-Holsteinische Nordseeküste mit Inseln

INFORMATION
www.buesum.de; www.st-peter-ording.de

Wer will hier nicht rasten und einfach ein paar Schritte zum Wasser gehen?

7

RADTOUR MIT KURZER WANDERUNG INS MEER

Von Brunsbüttel an der Elbe bis Friedrichskoog

Lust auf einen kleinen Spaziergang in das Meer hinein? Dann lassen Sie nach der Hälfte der Radtour einfach mal das Fahrrad stehen und spazieren Sie auf dem Trischendamm zwei Kilometer zwischen Nordseewasser geradeaus. Auf der Radtour überqueren Sie außerdem den 54. Breitengrad und haben die Möglichkeit, eine Seehundaufzuchtstation zu besuchen.

BRUNSBÜTTEL Nach Besichtigung der Schleuse des Nord-Ostsee-Kanals startet die Tour auf der Koogstraße in Brunsbüttel. Folgen Sie ihr in das kleine Zentrum und am Rathausplatz vorbei. Dahinter fahren Sie nach links durch die Schulstraße und durch die Rechtskurve, bis Sie die Braake überqueren. Von nun an verläuft Ihre Radtour für einige Zeit nach links am Deich entlang. Zu Beginn der Küstenfahrt passieren Sie noch die westlichsten und letzten Wohnhäuser von Brunsbüttel. Aber schon nach kurzer Fahrt breitet sich vor Ihnen die flache Marschlandschaft aus, in der auf der rechten Seite ein Windpark zu sehen ist, während auf der linken Seite die ohnehin schon breite Elbe noch mehr an Größe zulegt und schließlich in die Nordsee mündet. Mit der Küstenfahrt hat es am Jachthafen von Neufeld vorläufig jedoch ein Ende. Hier fahren Sie ein wenig in das Landesinnere und auf den wenig befahrenen Landwirtschaftswegen parallel zur Landstraße. Neufelderkoog und Sommerdeich heißen die Wege, die an verschiedenen Höfen vorbeiführen. Anstatt aber stur geradeaus zu fahren, lohnt es sich, vor oder spätestens in Dieksanderkoog links abzubiegen und nach kurzer Zeit wieder den Blick auf das Wasser zu genießen. Rund 14 Kilometer sind es bis zum gegenüberliegenden Ufer mit der niedersächsischen Stadt Cuxhaven. Noch immer ist das offiziell die Elbe, doch ist der Übergang in die Nordsee scheinbar fließend …

FRIEDRICHSKOOG Sie genießen die Fahrt auf einem der Wege, die parallel zum Ufer verlaufen. Sowohl die Felder als auch die dazwischen liegenden Sträßchen sind fast alle rechtwinklig angelegt und erfordern kaum Orientierungssinn. Hinter Kaiser-Wilhelm-Koog und Dieksanderkoog gelangen Sie bei der entspannten Tour zum Hafen von Friedrichskoog. Friedrichskoog besitzt keinen Sandstrand und seit 2015 leider auch keinen Hafen mehr. Das Land Schleswig-Holstein musste jährlich fast einen Millionenbetrag zur Ausbaggerung zur Verfügung stellen, damit der Hafen nicht versandet. Dabei legten zum Schluss im Schnitt nur noch zwei Krabbenkutter pro Tag im Hafen an. Diese Mittel wurden eingespart und der Hafen damit offiziell geschlossen. Dabei befinden sich direkt am Kai zwei bedeutende Attraktionen. Eine 2500 Quadratmeter große Indoorspielhalle lockt die Kleinsten schon mit einer sehenswerten Architektur, denn der Spielepark wurde in Form eines Wales geschaffen. Auf der gegenüberliegenden Hafenseite befindet sich die einzige Seehundstation in Schleswig-Holstein. Sie wurde 1985 gegründet und

Tipp

SCHLESWIG-HOLSTEIN-ERFAHRUNG

Die klassische Marschlandschaft in der Küstennähe entsteht dadurch, dass die Salzwiesen entlang der Ufer langsam verlanden. Daher gibt es in der Marschlandschaft keine natürlichen Erhebungen und es scheint beinahe so, als ob die Landschaft übergangslos in das Meer übergehe. Entstanden ist die deutsche Marschlandschaft nach der Eiszeit und bildet mit der gleichartigen Landschaft in den Niederlanden und in Dänemark das größte zusammenhängende Marschgebiet der Welt. Der Boden wird für den Ackerbau und für die Haltung von Vieh genutzt. Marschlandschaften, die zur Landgewinnung eingedeicht werden, bezeichnet man in den Niederlanden als Polder, in Niedersachsen als Groden und in Schleswig-Holstein als Koog. Köge, so der Plural, liegen meist niedriger als der Wasserspiegel der angrenzenden Gewässer. Daher müssen diese Landschaften stets durch Siele, Schöpfwerke und Vorfluter entwässert werden.

INFO

Schwer | 63 km | 58 Hm | 5.00 Std.

HIGHLIGHT
Sehenswürdigkeit

TOURENCHARAKTER
Rundtour auf asphaltierten Radwegen, Neben- und Wirtschaftsstraßen

AUSGANGS-/ENDPUNKT
Koogstraße an der Schleuse in Brunsbüttel

GPS
53.896007, 9.144505

ANFAHRT
Auto: Ab der A 23 über die B 5 bis Brunsbüttel
Bahn: Nur Busverbindungen nach Brunsbüttel, z. B. ab Itzehoe

KOMBINIERBAR MIT
Tour 26

E-BIKE-LADESTATION
Koogstraße 142, Friedrichskoog-Spitze

RADVERLEIH
Claßen, Hoogen 12, Friedrichskoog

RADKARTEN
ADFC-Regionalkarte 1:75 000, Schleswig-Holsteinische Nordseeküste mit Inseln

INFORMATION
www.brunsbuettel.de; www.friedrichskoog.de

dient genauso wie die Seehundstation in Norddeich der Aufzucht von Heulern, die in der Nordsee aufgefunden werden. Zur Seehundstation gehört auch die Trischenbake, die ursprünglich als Seezeichen auf der Insel Trischen diente. Sie musste seit ihrem Bestehen im Jahr 1890 fünfmal auf dem Eiland vor Friedrichskoog versetzt werden. 1996 wurde die Bake abgebaut und auf das Festland versetzt, wo sie als Aussichtsturm dient und einen Überblick über die Seehundstation sowie einen weiten Ausblick über das Wattenmeer ermöglicht. An der Schleuse zum Hafen überqueren Sie den 54. Breitengrad, der mit einem Informationsstein markiert ist. Gleichzeitig beginnt hier die Weiterfahrt entlang des Deiches mit Blick auf die Salzwiesen und das Wattenmeer bis zum Ortsteil Friedrichskoog-Spitze. Kurz hinter dem Campingplatz befindet sich das Wahrzeichen des Dorfes. Der Trischendamm wurde in den 1930er-Jahren zur Sicherung des Friedrichskooges angelegt. Heute ist er ein beliebter Weg in das Meer hinein, daher lohnt es sich, das Fahrrad abzustellen und den etwas über zwei Kilometer langen Damm bis zu seiner Spitze zu erwandern.

MARNE Von Friedrichskoog aus kann man natürlich auf demselben Weg am Ufer zurück nach Brunsbüttel fahren. Aber ein Rundkurs bietet immer ein wenig mehr Abwechslung. Verlassen Sie daher Friedrichskoog-Spitze auf dem Radweg neben der Koogstraße bis zum Norderdeich und Süderdeich, um nach rechts abzubiegen. Am Süderdeich verläuft die Radtour bis zur Nordseestraße bei Schaderdorf. Hier folgen Sie der Landstraße nach links, überqueren einen Kreisverkehr und radeln geradewegs in die Kleinstadt Marne hinein. Das Stadtbild von Marne ist eher sachlich-nüchtern gehalten. Auffällig ist die Maria-Magdalenen-Kirche mit ihrem schlanken Turm im Ortskern neben dem Marktplatz.

An der B 5 biegen Sie rechts ab, verlassen die Bundesstraße aber kurz vor dem Ortsausgang vor einem Autohändler halb rechts in den Fahrstedterwesterdeich. So gelangen Sie geradewegs wieder nach Neufeld, wo Sie ebenfalls wieder die Wahl haben, entweder mehr im Landesinneren zu radeln oder den Radweg am Elbufer vorzuziehen. Letzterer bietet den Vorteil, dass Sie nicht an der Bundesstraße entlangfahren müssen und Sie auf diesem Weg sehr einfach wieder zum Ausgangspunkt nach Brunsbüttel gelangen.

Tipp

GUTEN APPETIT

Die erste Auswahl, die man in Alice' Restaurant treffen muss: Stuhl oder Strandkorb. So sitzt man gemütlich auf der Terrasse und blickt dabei auf den Hafen von Friedrichskoog. Anschließend folgt die Qual der Wahl von der Speisekarte. Lachs, Scholle, Krabben, Hering oder Matjes? Entscheiden kann man sich aber auch für Gerichte, die den kleinen Hunger zwischendurch stillen sollen. Röstiburger, Ofenkartoffel oder eine selbst gemachte Fischfrikadelle stehen genauso zur Verfügung wie klassische Speisen, die weniger mit dem Meer zu tun haben.

↓ Hier ist man nördlicher als in Edmonton in Kanada. → Schon von Weitem erkennt man den Wal in Friedrichskoog. ↘ Immer wieder verlocken Rastplätze zum Pausieren.

Mancherorts radelt man dicht an den Strandkörben vorbei.

OSTSEE-KÜSTE

Nicht nur auf dem Fernradweg lernt man die Badeorte der Ostsee kennen.

KURZAUSFLUG NACH DÄNEMARK

Von Flensburg zum Museumbesuch nach Padborg

Im hohen Norden Deutschlands, genauer gesagt, an der nördlichsten Stadt des Landes, lohnt sich natürlich auch mal ein Blick in das benachbarte Ausland. Im fahrradfreundlichen Dänemark drehen Sie eine kurze Runde, um ausgerechnet auf die leidvolle deutsche Geschichte zurückzublicken.

8

Blick über den Hafen auf die Skyline von Flensburg

FLENSBURG Am Flensburger Hafen lässt man noch einmal den Blick schweifen, bevor man sich auf den Sattel setzt und gemütlich nach Norden fährt, und zwar auf der linken Seite des Hafenbeckens. So verläuft die Radtour zunächst am Museumshafen vorbei und auch an einigen weniger interessanten Industrieunternehmen, die am Hafen angesiedelt sind. Auf dem Brauereiweg radeln Sie bis zur Batteriestraße und folgen dieser, um wenig später die Hafenanlagen hinter sich zu haben. Das dauert zum Glück nicht lange und schon wenig später ist man in einer Grünanlage unterwegs, die sogar einen schönen Uferweg an der Flensburger Förde offenbart. Dieser führt zwischen Wald und Wasser geradewegs auf Wassersleben zu, einem Ortsteil der Gemeinde Harrislee, wo sich der letzte deutsche Sandstrand an der Ostsee vor der Grenze zu Dänemark erstreckt. Dennoch ist es aber nicht der nördlichste Ostseestrand Deutschlands, auch wenn man das durch diese Lage vermuten könnte. Viel weiter östlich ragt noch die Halbinsel mit dem Naturschutzgebiet Holnis in die Flensburger Förde und liegt damit noch ein Stück weiter nördlich.

KURZBESUCH IN DÄNEMARK Hinter dem Strand geht es auf der Hauptstraße zur Alten Zollstraße, auf der man nach links abbiegt, um auf dem Alten Kirchenweg durch einen Wald zu radeln. Folgen Sie dem Sträßchen bis zum kleinen Ort Niehuus, der sich am nördlichen Ufer des gleichnamigen Niehuussees befindet. Auf der Straße Schloßberg verlassen Sie nicht nur Niehuus, sondern wenig später sogar das ganze Land. Denn auf der malerischen Allee beginnt der Abstecher in das nördliche Nachbarland Dänemark. Schon bald merkt man die gute Fahrradtauglichkeit des kleinen Landes, denn man überquert einen bestens ausgeschilderten Radweg, der in die nächstgelegene Stadt führen würde. Aber so weit soll es gar nicht gehen.

Tipp

SCHLESWIG-HOLSTEIN-ERFAHRUNG

Im dänischen Kruså kann man ein ehemaliges deutsches Gefangenenlager besichtigen. In den letzten beiden Jahren des Zweiten Weltkrieges diente das Frøslev-Lager der deutschen Sicherheitspolizei in Dänemark hauptsächlich zur Inhaftierung von Widerstandskämpfern. Zu sehen gibt es in der Anlage, die zum Dänischen Nationalmuseum gehört und aus einem Hauptwachturm und zwei ehemaligen Gefangenenbaracken besteht, eine Ausstellung über die Geschichte des Lagers. Die Gefangenenbaracke und der Hauptwachturm können besichtigt werden und befinden sich zum Teil noch im Originalzustand (Museum Internierungslager Frøslev, Lejrvejen 105, 6330 Padborg, Dänemark, www.froeslevlejren.dk).

Daher bleiben Sie geradeaus, überqueren den Padborgvej und radeln in den Hærvejen hinein. Auf dem links folgenden Plantagenvej radeln Sie bis zum Ende. Dort mündet dieser in eine Schotterstrecke, auf der Sie wenig später die Autobahn unterqueren. An der T-Kreuzung nach links und an der zweiten Einmündung abermals nach links und schon stehen Sie wenig später vor dem Museum des Internierungslagers Frøslev.

ZURÜCK IN DEUTSCHLAND Nach dem Besuch des Erinnerungsortes radeln Sie auf dem Lejrvejen geradeaus, halten sich halb rechts, um die Autobahn wieder zu überqueren, und gelangen in ein Gewerbegebiet. Hier radeln Sie einfach an einer der Querstraßen nach links bis zum Industrivej und folgen diesem nach rechts, bis Sie automatisch wieder nach Deutschland zurückkehren. Am Grenzübergang sieht man am Parkplatz auf der linken Seite noch ein weiteres Mahnmal,

↑ Die Nikolaikirche dominiert das Zentrum von Flensburg.
↗ Bei Wassersleben radelt man an der Flensburger Bucht vorbei.
→ Auf dänischer Seite sollte man der Gedenkstätte einen Besuch abstatten.

das an die Deportation der Gefangenen aus dem Internierungslager zum Bahnhof Harrislee erinnert. Auf dem Radweg neben der Straße radeln Sie bis zum Ellunder Weg und halten sich rechts.

Tipp

GUTEN APPETIT

Ben's Fischhütte am Flensburger Hafen kommt mit verwitterten Holzbalken und knarzenden Fenstern daher – uriger geht es doch kaum. Die Speisen, in erster Linie Fischgerichte, bekommt man durchgereicht durch ein Fenster. Denn bei Ben's Fischhütte ist nur draußen sitzen angesagt. Umso schöner, denn dann blickt man beim herzhaften Biss in den geräucherten Fisch direkt auf den Museumshafen der Stadt.

Nach rund eineinhalb Kilometern zweigt halb links der Wiesenweg ab, der seinem Namen alle Ehre macht. Durch die Grünlandschaft radeln Sie bis Oberlangberg und überqueren gleich hinter der Ortschaft die B 199. Dahinter schlagen Sie den Lenker nach rechts ein und an der zweiten Möglichkeit wiederum nach links. Auf der Straße Unterlangberg unterqueren Sie nach rechts hin die A 7. Wenig später folgt hinter einem Hof linker Hand der Handewitt-Busch, dem Sie nach links folgen.

Der Handewitter Forst ist zwar »nur« ein Nutzwald und daher von gradlinigen Wegen geprägt, aber natürlich bereitet es dennoch Vergnügen, durch den Wald zu radeln. Am südöstlichen Ende des Waldes verlässt man ihn wieder, unterquert abermals die Autobahn und schon geht es auf dem Alten Husumer Weg wieder in Richtung Flensburg.

Doch es dauert noch eine Zeit, bis Sie wieder im Stadtzentrum oder gar am Hafen sind. Sie radeln zunächst auf der Lilienthalstraße, dem Friedensweg, der Nikolaiallee und dem Quakenweg, um den Ortsteil Friesischer Berg zu durchqueren. Sie überqueren abermals die B 199 und radeln an liebevoll gepflegten Kleingärten vorbei in einen weiteren Wald, der sogar ein Wildgehege mit Damwild beherbergt. Im östlichen Teil des Waldes, vorbei am sogenannten Sängerstein, radeln Sie auf dem Marienhölzungsweg auf einer Brücke und überqueren dabei die B 200. Der Marienhözungsweg mündet in die Dorotheenstraße, auf der Sie wiederum über den Burgplatz in die Toosbüystraße fahren. Kaum haben Sie den Straßennamen ausgesprochen, erkennen Sie auch schon das Hafenbecken wieder, an dem Sie diesen Ausflug nach Dänemark gestartet haben.

INFO

HIGHLIGHT
Sehenswürdigkeit

TOURENCHARAKTER
Rundtour auf asphaltierten Radwegen, Neben- und Wirtschaftsstraßen

AUSGANGS-/ENDPUNKT
Flensburg, Hafenspitze

GPS
54.787922, 9.437015

ANFAHRT
Auto: Auf der A 7 oder der B 199 bzw. B 200 bis Flensburg
Bahn: Fernzüge und Regionalbahnen fahren zum Flensburger Bahnhof.

KOMBINIERBAR MIT
Tour 9

E-BIKE-LADESTATION
Flensburg:
Edeka, Adelbylund 5
und Citti Park,
Langberger Weg 4;
Harrislee:
Süderstraße 81

RADVERLEIH
Flensburg E-Bike Sharing, Hafendamm;
Fjord Bike Fahrradverleih, Norderhofenden 2, Flensburg

Mittel | **46 km** | **327 Hm** | **3.30 Std.**

RADKARTEN
ADFC-Regionalkarte 1:75 000, Schleswig/Flensburg

INFORMATION
www.flensburger-foerde.de;
www.froeslevlejren.dk

Wer will, kann hier auch
zu Ausflügen nach Dänemark starten.

9

GEMÜTLICHE EINKEHR AUF HALBER STRECKE

Von Flensburg nach Langballigau und zum schönen Schloss Glücksburg

Viele Felder und kleine Dörfer prägen diese Rundtour östlich von Flensburg. In Langballigau erblicken Sie bei einem Eis oder Imbiss in der Hand die Ostsee und schauen über das Wasser nach Dänemark. In Glücksburg blicken Sie anschließend auch über Wasser, doch dort sehen Sie das beeindruckende gleichnamige Schloss, das sich auf einer Insel erhebt.

FLENSBURG Auf der Radtour nach Padborg (Tour 8) starten Sie ebenfalls am Südpunkt des Flensburger Hafens. Doch diesmal fahren Sie nicht auf der linken Seite des Hafens, sondern verlassen das Stadtzentrum an den vielen Bootsanlegern auf der rechten Seite des Hafenbeckens. Direkt hinter dem letzten Bootssteg biegen Sie rechts ab und radeln auf der Straße Am Lautrupsbach geradeaus in die Straße Mühlenholz. Dieser folgen Sie, biegen rechts in die Straße Bohlberg ein und bleiben an einer Gabelung halb rechts, um wenig später auf einer Brücke die B 199 überqueren zu können. In dem darauffolgenden Wohnviertel biegen Sie am Trögelsbyer Weg nach links ab und wenden sich vor einem Supermarkt nach rechts. Nun noch ein letztes Mal nach rechts in den Trögelsbyhof und schon haben Sie es geschafft, die letzten Wohnhäuser von Flensburg hinter sich zu lassen.

Auf dem schmalen Weg mit seinem deutlich kurvigen Verlauf passieren Sie einen Funkmast, der sich auf der linken Seite vor einem Wald erhebt, und durchqueren das Dorf Rüllschau auf dem weiteren Weg nach Gremmerup. In beiden Ortschaften überqueren Sie jeweils die Landstraßen und bleiben geradeaus in Richtung Bönstrup. Hinter dem lang gestreckten Bönstrup erreichen Sie eine weitere Landstraße, an der Sie nach links fahren, aber schon nach dem ersten Hof rechts abbiegen. Sie bleiben zwischen den Feldern unterwegs, überqueren bei Tgerkelstoft die B 199 und biegen gleich dahinter in die Mühlenstraße ein. Hier ist die Mühle Fortuna aus dem Jahr 1878 schon von Weitem sichtbar. Sie gehört zum Landschaftsmuseum Unewatt, das aus fünf sogenannten Museumsinseln besteht. Dazu gehören neben der Mühle die Christesen-Scheune, die Buttermühle, eine Räucherei und das historische Marxen-Bauernhaus aus der ersten Hälfte des 17. Jahrhunderts.

Tipp

GUTEN APPETIT

In Langballigau gibt es nicht DIE eine Einkehrmöglichkeit, die zu einer verlockenden Rast einlädt. Rund um den kleinen Hafen direkt neben dem Strand reicht die Auswahl von der Imbissbude bis zum Restaurant. Entweder kehrt man beim Odinfischer oder im Fährhaus ein, wo natürlich Fisch auf der Speisekarte steht, oder man schlendert mit einer kleinen Speise in der Hand zum Strand. Für Letzteres bietet sich übrigens das Eiscafé Piccolo an. Das Café Anna und Mehr verwöhnt derweil mit kleinen Speisen und vor allen Dingen mit selbst gemachten Kuchen. Aber Vorsicht, der wechselt täglich. Wenn's also mundet, dann gleich noch ein Stück, morgen gibt es etwas anderes.

Ob sie beim Radeln Glück bringt? Auf jeden Fall passiert man die Mühle Fortuna.

Zu den Inseln und Halligen
gelangt man natürlich mit der Fähre.

Schloss
Glücksburg

Tipp

SCHLESWIG-HOLSTEIN-ERFAHRUNG

Ein Prachtbau ist Schloss Glücksburg, das sich bereits von außen mit einer wunderbaren Ansicht zeigt. Das nördlichste Schloss Deutschlands hat einen quadratischen Grundriss und reicht an drei Seiten direkt bis an das Wasser des künstlich aufgestauten Schlossteiches heran. An allen vier Ecken des strahlend weißen Gebäudes erheben sich achteckige Türme. Um das Schloss zu erreichen, betritt man eine Insel, auf der eine Vorburg, bestehend aus Torhaus und mehreren Ställen, errichtet wurde. Von der Insel aus gelangt man schließlich zur Nordseite von Schloss Glücksburg. Dies ist die einzige Seite, die nicht an das Wasser reicht. Errichtet wurde das Schloss Ende des 16. Jahrhunderts als Residenz des Herzogs von Schleswig-Holstein. Aus dieser Zeit stammen auch die Fresken an der Decke der Schlosskapelle. Sehenswert geht es auch im Inneren des Schlosses weiter. Der sogenannte Rote Saal, der heute noch als Festsaal genutzt wird, ist seit Bestehen des Schlosses kaum verändert worden. Weitere Räumlichkeiten sind das Esszimmer und das Schlafzimmer, in dem unter anderem Kaiserin Auguste Viktoria mehrfach übernachtete (Schloss Glücksburg, 24960 Glücksburg, www.schloss-gluecksburg.de).

LANGBALLIG Hinter der Mühle von Unewatt erreichen Sie den Hauptort Langballig, in dem Sie rechts auf die Hauptstraße abbiegen, sodass Sie den Ort damit auch gleich schon wieder in Richtung Langballigau verlassen. Entlang der Landstraße erreichen Sie diesen relativ zügig und sind dort am weitesten vom Ausgangspunkt in Flensburg entfernt. Da bietet es sich doch an, in einer der zahlreichen Einkehrmöglichkeiten rund um den Jachthafen und am Strand zu rasten und zu genießen. Gleichzeitig haben Sie mit Langballigau auch den Ostseeküstenradweg erreicht. Diesem können Sie zumindest ein kurzes Stück in Richtung Flensburg folgen. Doch er beschreibt einen großen Bogen rund um das Naturschutzgebiet Pugumer See und umrundet dabei die Stadt Glücksburg. Wer also zum Schloss Glücksburg möchte, verlässt den Ostseeküstenradweg hinter einem Golfplatz an der Landstraße. Während der Fernradweg nach rechts abzweigt, radeln Sie nach links bis zum nächsten Weiler und biegen dort rechts auf den Feldweg ab, der Sie im Zickzack nach Glücksburg geleitet.

GLÜCKSBURG An der Bahnhofstraße drehen Sie den Lenker nach rechts, treten noch ein paarmal in die Pedale und schon stehen Sie wenig später mitten im Zentrum der Kleinstadt. Vor dem ebenfalls sehenswerten Rosarium geht es nach links zum Schloss, das wenig später auf der rechten Seite auftaucht. Nach der Schlossbesichtigung umrunden Sie den Schlossteich auf dem Uferweg, von wo aus Sie noch einmal einen wunderschönen Ausblick auf das sehenswerte Bauwerk genießen können. Durch den Wald geht es schließlich zur Landstraße. Hier stehen zwei Möglichkeiten zur Auswahl. Zum einen treffen Sie hier wieder auf den Ostseeküstenradweg, der allerdings relativ unspektaktulär neben der Landstraße verläuft. Zum anderen können Sie auf der anderen Straßenseite in den Wald eintauchen und auf den Waldwegen von Twedter Holz mehr Natur genießen. Allerdings gibt es dort keine durchgehende Ausschilderung und die Gefahr besteht, eine falsche der zahlreichen Abzweigungen zu wählen.

Bei der Fahrt durch den Forst kommen Sie an der Waldsiedlung Tremmerup vorbei und erreichen bei einem Reiterhof wieder die ersten Wohnhäuser von Flensburg. Über die Osterallee und den Schottweg gelangen Sie zum Osbektalweg, auf dem Sie ein letztes Mal Felder durchqueren, bevor Sie komplett vom urbanen Flair Flensburgs umgeben sind. Treeneweg und Fruerlundhof bringen Sie zu einer Ihnen bekannten Gabelung, wo Sie Flensburg zu Beginn der Tour verließen. Hier erkennen Sie die Straße Bohlberg wieder und fahren mit Leichtigkeit wieder zum Flensburger Hafen.

Bei Langballigau genießt man den Anblick des Hafens.

INFO

Mittel | 42 km | 346 Hm | 3.30 Std.

HIGHLIGHT
Sehenswürdigkeit

TOURENCHARAKTER
Rundtour auf asphaltierten Radwegen, Neben- und Wirtschaftsstraßen

AUSGANGS-/ENDPUNKT
Flensburg, Hafenspitze

GPS
54.787922, 9.437015

ANFAHRT
Auto: Auf der A 7 oder der B 199 bzw. B 200 bis Flensburg
Bahn: Fernzüge und Regionalbahnen fahren zum Flensburger Bahnhof.

KOMBINIERBAR MIT
Tour 8

E-BIKE-LADESTATION
Flensburg: Edeka, Adebylund 5; Glücksburg: Bremsbergallee 35

RADVERLEIH
Flensburg: E-Bike Sharing, Hafendamm; Fjord Bike Fahrradverleih, Norderhofenden 2; Glücksburg: Nickel, Rathausstraße 20

RADKARTEN
ADFC-Regionalkarte 1:75 000, Schleswig/Flensburg

INFORMATION
www.flensburger-foerde.de

VON KAPPELN IN DIE GELTINGER BIRK

Entlang der Ostsee bis in das Naturschutzgebiet

Naturgenuss pur erlebt man auf diesem Rundkurs, der nur innerstädtisch in Kappeln die Schlei berührt. Dafür legt man außerhalb der Stadt eine weite Strecke entlang der Ostseeküste zurück und durchquert sogar das komplette Naturschutzgebiet Geltinger Birk. Neben der Natur gibt es aber auch noch zwei schöne Windmühlen zu sehen.

Kappeln zeigt sich mit einer schönen Skyline, wenn man die Stadt verlässt.

10

KAPPELN Fahren Sie in Kappeln an der Promenade entlang, die Innenstadt bleibt zunächst unbeachtet. Durch die werden Sie am Ende der Radtour gelangen. Sie erreichen den nördlichen Jachthafen, passieren einen Wohnmobilstellplatz und entfernen sich von der Schlei, indem Sie auf die B 199 zufahren. Hier wenden Sie sich 600 Meter nach rechts und biegen an einem Hof links in die Straße Grimsnis ein. An der ersten Möglichkeit hinter dem Hof wenden Sie sich nach rechts und genießen die Fahrt zwischen den weiten Feldern an einem Hof vorbei bis zu einer Landstraße. Stutebüll heißt der Weiler auf der linken Seite, den Sie durchqueren. Aber aufgepasst. Sie fahren nicht geradewegs durch Stutebüll, sondern biegen zweimal rechts ab. Hinter dem letzten Haus fahren Sie nach links in die schmale Straße Stutebüllfeld.

OSTSEE Schwackedorf, der nächste Ort, wird ebenfalls durchquert und Sie erreichen abermals die B 199, die Sie überqueren. Gleich dahinter am Kieholmhof links und bis zu einer T-Kreuzung. Einmal rechts, einmal links und schon sind Sie von mehreren Campingplätzen umgeben, die bis an das Ufer der Ostsee heranreichen. Rund zweieinhalb Kilometer kann man direkt an der Küste entlangradeln. Danach muss man am Strand Pottloch wieder ein Stück in das Landesinnere. Dort geht es dann rechts in Richtung Nieby, wo Sie bereits vorher nach Falshöft abbiegen und kurze Zeit später wieder am Strand stehen. Ein guter Orientierungspunkt ist dafür übrigens auch der 25 Meter hohe rot-weiße Leuchtturm Falshöft, der zu Beginn des letzten Jahrhunderts erbaut wurde. Aufgrund seiner klassischen Form diente er auch schon in mehreren TV-Serien als Filmkulisse.

GELTINGER BIRK Mit dem Erreichen von Falshöft fahren Sie an der Küste wieder nach links und bleiben nun stets am Ufer. Die letzten Häuser lassen Sie nun für längere Zeit hinter sich, denn der Radweg führt geradewegs in das Naturschutzgebiet Geltinger Birk. Dabei passieren Sie auf dem Weg zur nördlichsten Spitze einen kleinen, über-

Tipp

SCHLESWIG-HOLSTEIN-ERFAHRUNG

1986 wurde die spitze Landzunge der Geltinger Birk nördlich von Maasholm unter Naturschutz gestellt. Sie schließt im Osten die Geltinger Bucht ab, die wiederum einen Teil der Flensburger Förde bildet. Mehrere Salzwiesen, Dünen, Strände, Sümpfe, aber auch kleinere Wälder schaffen in dem Naturschutzgebiet eine Heimstätte für zahlreiche Tiere. Über 90 verschiedene Vogelarten konnten bereits beim Brüten in der Geltinger Birk beobachtet werden. Schafe, Koniks – eine polnische Pferderasse – und Gallowayrinder kommen in dem Gebiet zwar auch vor, sind aber natürlich vom Menschen eingebracht worden. Sie helfen dabei, die Weidelandschaften des Naturschutzgebietes zu erhalten. Mehrere Rad- und Wanderwege führen in das Gebiet hinein, wobei der küstennahe Rundweg dabei natürlich der Klassiker ist. Er verläuft nicht nur nah am Meer, sondern führt auch zu einem überschaubaren, aber niedlichen Aussichtsturm und zur Windmühle Charlotte. Diese wurde in den 1820er-Jahren und damit kurz nach der Eindeichung der Geltinger Birk gebaut. Sie war notwendig geworden, um das Gebiet zu entwässern. Die Windmühle ist ein wenig zum weit sichtbaren Wahrzeichen des Naturschutzgebietes geworden. Ganz in ihrer Nähe befindet sich die Schutzhütte des Naturschutzbundes NABU, in der man sich ausführlich über die Geltinger Birk informieren kann.

↑ Am Leuchtturm Falshöft gelangt man in das Naturschutzgebiet.
↗ Skulptur an der Schlei bei Kappeln.
→ Auf einem Hügel in Kappeln erhebt sich die Mühle Amanda.

schaubaren Aussichtsturm, der auch ein netter Platz für eine kurze Rast ist. Anhalten sollte man auch an der nördlichsten Spitze des Naturschutzgebietes, wo der Weg eine deutliche Linkskurve beschreibt. Auch hier kann man den Blick über die malerische Landschaft schweifen lassen.

Tipp

GUTEN APPETIT

Am südlichsten Punkt der Geltinger Bucht bieten mehrere Restaurants ihre Leckereien feil. So blickt man bei Wackerballigau mit vollem Mund aus dem Strandkorb auf das Wasser. Dat Strandhuus macht dies möglich und bietet fangfrischen Fisch aus der Ostsee oder süße Köstlichkeiten für den Nachmittagstee. Am weiter westlich gelegenen Jachthafen belohnen das Restaurant Sonne und Mehr oder das Fährcafé mit typisch norddeutschen Gerichten und Aussichten auf die Bucht die Radtour.

Anschließend geht es erneut in südliche Richtung weiter und Sie passieren die NABU-Schutzhütte mit ihren Informationen über die Geltinger Birk sowie die idyllisch gelegene Mühle Charlotte. Hinter der Mühle gelangen Sie wieder zu einer Straße und es tauchen auch wieder die ersten Wohnhäuser bzw. Höfe auf. Halten Sie sich zweimal rechts, um die Bucht an der Mühle zu umrunden und wieder an der Küste entlangradeln zu können. Auch in Wackerballig, wo der Jachthafen über einen 250 Meter langen Steg mit dem Festland verbunden ist, bleiben Sie direkt am Meer, ungeachtet der Tatsache, dass die befestigte Straße abzweigt. Auf einem Feldweg fahren Sie bis zum nächsten

Jachthafen. Hier verlassen Sie die Küste und biegen links zur B 199 ab.

KAPPELN Der Bundesstraße folgen Sie nach links und verlassen diese wenig später an der Haltestelle Lehbeck nach rechts. Bis Stangheck radeln Sie entlang einer kleinen Landstraße und biegen dort in die Straße Schmiedeberg halb links ein. Sie fahren durch Stoltebüll bis Sünnerschau, halten sich links und verlassen die Straße Vogelsangfeld nach rechts über die Deckerkate. An der nächsten Landstraße brauchen Sie lediglich rechts abzubiegen und fahren geradewegs wieder auf Kappeln zu. An einem Kreisverkehr bleiben Sie geradeaus und folgen einfach der Flensburger Straße bis in das Stadtzentrum. Vor dem eigentlichen städtischen Trubel mit seinen Geschäften sollten Sie jedoch rechts in die Gerichtsstraße fahren. Dort können Sie abschließend noch einen schönen Blick auf die etwas höher gelegene Mühle Amanda werfen, die ein wenig das Wahrzeichen der Stadt bildet. Auf der Mühlenstraße lassen Sie das Rad einfach leicht bergab rollen und kommen automatisch an der Promenade heraus.

INFO

HIGHLIGHT
Naturparadies

TOURENCHARAKTER
Rundtour auf asphaltierten Radwegen, Neben- und Wirtschaftsstraßen

AUSGANGS-/ENDPUNKT
Promenade in Kappeln, Am Hafen

GPS
54.660073, 9.934319

ANFAHRT
Auto: Auf der A 7 bis Ausfahrt Schleswig, weiter über die B 201
Bus: Ab Eckernförde oder Schleswig

KOMBINIERBAR MIT
Tour 16

E-BIKE-LADESTATION
leider keine

RADVERLEIH
Kappeln: Schmidt, Schmiedestraße 30; Schleiräder, Ustkaweg 2

RADKARTEN
ADFC-Regionalkarte 1:75 000, Schleswig/Flensburg

INFORMATION
www.touristikverein-kappeln.de; www.gelting.de

Mittel | 47 km | 185 Hm | 3.30 Std.

Der Yachthafen in Damp ist einfach nur beeindruckend groß.

11

ABWECHSLUNGSREICHER RADGENUSS BEI ECKERNFÖRDE

Von Windmühlen und Eichhörnchen zwischen Schlei und Ostsee

Wasser gibt es auf diesem Rundkurs gleich dreimal. Sie besuchen die Ostsee, die Schlei und das Windebyer Noor. Doch an allen drei Gewässern handelt es sich nur um kurze Stippvisiten. Dafür begegnen Sie einem malerischen Fachwerkdorf, einer sehenswerten historischen Windmühle und einer Schutzstation für Eichhörnchen.

ECKERNFÖRDE Auf dem ersten Teil dieser Radrundstrecke orientieren Sie sich unter anderem auch an der Beschilderung des Ostseeküstenradweges in nördliche Richtung, denn das erste Zwischenziel heißt Damp und liegt wie Eckernförde direkt am Meer. Natürlich sollte man die kleine Altstadt von Eckernförde vor der Tour nicht auslassen. Hier gibt es die Möglichkeit, direkt an der Strandpromenade in Richtung Jachthafen zu flanieren, oder man schaut sich in den Straßen Jungfernstieg und Kieler Straße um. Zahlreiche Restaurants und kleine Shops laden hier zum Verweilen ein. Im nördlichen Teil der Altstadt ist schließlich der Hafen erreicht, der sich umrunden lässt, oder Sie nutzen die kleine Holzbrücke, die das Hafenbecken überspannt. Auf der Nordseite haben Sie auch schon die Altstadt verlassen und wenden sich nach rechts. Radeln Sie zunächst auf der Straße Vogelsang und dem Jungmannufer noch ein Stück am Hafenbecken entlang, um dann am Segelclub in ein Wäldchen nach links einzubiegen. Der Ostseeküstenradweg verläuft zwischen Eckernförde und Damp kaum direkt an der Küste. Zunächst durchqueren Sie auf der Cäcilienstraße und der Prinzenstraße stadtauswärts eine Wohnsiedlung, um schließlich auf dem Radweg parallel zur Waabser Chaussee an mehreren Gutshöfen, so zum Beispiel am Gut Hohenstein und am Gut Ludwigsburg, vorbeizuradeln.

UNTERWEGS NACH DAMP Auf dem Gut Sophienhof hätten Sie sogar noch Gelegenheit, eine Pause einzulegen und sich beim SwinGolf die Beine zu vertreten. Dahinter bleiben Sie einfach weiter geradeaus und genießen die Ausblicke über die weiten Felder. Rechter Hand dauert es nicht lange, bis Sie die kleine Ortschaft Waabs streifen. Gleiches gilt für die Ortschaft Großwaabs. Dass Sie sich bereits im Gemeindegebiet von Damp befinden, erkennen Sie an dem Hinweis auf die Mehrzweckhalle an der linken Seite. Hinter der Mehrzweckhalle überqueren Sie den Bach Bokenau und biegen rechts in die Straße Schwastrummühle ein. Am Ende des Weges

Tipp

GUTEN APPETIT

Luzifer in Eckernförde – klingt ja teuflisch, aber die Gerichte sind himmlisch. In einem historischen Getreidespeicher direkt an der Hafenpromenade der Stadt bietet sich die Einkehr vor oder nach der Radtour an. Am besten danach, denn wenn man einmal sitzt und sich satt gegessen hat, will man vielleicht nicht mehr los. Aber es muss ja nicht immer etwas zu essen sein. Das Luzifer hat eine hauseigene Kaffeerösterei, die entsprechende Aromen verteilt, denen man sich kaum widersetzen kann. Und für das Auge gibt es noch einen Blick in die offene Küche und in die Rösterei.

In Eckernförde kann man zwischendurch auf Museumsbesuch gehen.

Tipp

SCHLESWIG-HOLSTEIN-ERFAHRUNG

Das Osteebad Damp besitzt kein klassisches Ortszentrum oder eine Einkaufsstraße und entstand Mitte des letzten Jahrhunderts aus der Idee heraus, ein Ferienzentrum zu schaffen. Zu Fuß bewegt man sich schnell innerhalb der eigentlich kleinen Ortschaft rund um den Jachthafen, wo sich das gesellschaftliche Leben in Damp abspielt. Die Hochhausburgen an der Promenade sind zwar kein architektonisches Highlight, beherbergen aber Rehakliniken und dienen der Gesundheit. Auf beiden Seiten des Jachthafens erstrecken sich breite Sandstrände, von denen aus man direkt in das seichte Uferwasser der Ostsee gelangt. Hervorgegangen ist Damp aus dem einstigen Gut, das als Herrenhaus Ende des 16. Jahrhunderts errichtet wurde.

Ein schöner Anblick unterwegs ist die Anna-Mühle in Rieseby.

erreichen Sie am Campingplatz die Ostsee. Genießen Sie die Fahrt an der Küste, denn es sind keine eineinhalb Kilometer, bis Sie den Jachthafen von Damp erreichen und sich ein wenig an der Promenade dieses etwas ungewöhnlichen Ortes umschauen können.

Anschließend geht es auf dem Seeuferweg wieder aus dem Ort hinaus. Hinter einem Kreisverkehr passieren Sie das auf der linken Seite befindliche Gut Damp und unterqueren die Brücke der B 203. Gleich dahinter biegen Sie links ab und fahren durch Wald, zwischen Feldern und am Söbyer See vorbei bis in den Weiler Thumby. An der T-Kreuzung in Thumby nach links, um wenig später wieder nach links abzubiegen. Es dauert nicht lange, bis Sie an das Schleiufer gelangen. Nach rechts blickend können Sie in rund vier Kilometern die Ortschaft Arnis auf der anderen Seite der Schlei erkennen.

VON DER SCHLEI ÜBER RIESEBY Sie radeln jedoch nach links und bleiben am Ufer der Schlei, allerdings wieder nur für ein verhältnismäßig kurzes Stück. Denn nach zwei Kilometern sind Sie in Sieseby, einem niedlichen kleinen Ort mit reetgedeckten Fachwerkhöfen und einer Kirche, die von historischen Grabmälern umgeben ist. Auch der örtliche Gasthof zeigt Geschichte und stammt aus dem Jahr 1867, eine ideale Möglichkeit zu einer weiteren Pause. Hinter dem Gasthof fahren Sie nach rechts und gleich an der Haltestelle nach wenigen Metern wiederum nach links. Auf der Straße Marienhof radeln Sie über Zimmert bis zu einer quer verlaufenden Landstraße und schlagen dort den Lenker nach links. Sie überqueren die Bahngleise und befinden sich damit direkt im Ortskern von Rieseby. Im Ort passieren Sie die St.-Petri-Kirche, doch besonders schön ist vielmehr die Mühle Anna, die sich gleich hinter Rieseby erhebt. Die Galerie-Holländer-Windmühle aus dem Jahr 1911 gilt

INFO

Schwer | 60 km | 275 Hm | 5.00 Std.

HIGHLIGHT
Naturparadies

TOURENCHARAKTER
Rundtour auf asphaltierten Radwegen, Neben- und Wirtschaftsstraßen

AUSGANGS-/ENDPUNKT
Hafen und Strand in Eckernförde, Schiffsbrücke

GPS
54.474212, 9.840873

ANFAHRT
Auto: Eckernförde liegt an den Bundesstraßen 76 und 203.
Bahn: Der Bahnhof Eckernförde ist mit Regionalbahnen ab Kiel erreichbar.

KOMBINIERBAR MIT
Tour 16

E-BIKE-LADESTATION
Rendsburger Straße 54–56, Preußerstraße 1 und Parkhaus am Noor in der Noorstraße 16, Eckernförde

RADVERLEIH
Eckernförde: Hörst 8
Damp: Seemann, Zur Niebymole 1

RADKARTEN
ADFC-Regionalkarte 1:75 000, Kieler Förde/Fehmarn/Holsteinische Schweiz; ADFC-Regionalkarte 1:75 000, Schleswig/Flensburg

INFORMATION
www.ostseebad-eckernfoerde.de

als das Wahrzeichen von Rieseby und steht auf einem dreigeschossigen Unterbau.

An der ersten Möglichkeit hinter der Mühle Anna nach links und zwischen den Feldern stets geradeaus nach Gammelby. Dort verlassen Sie die Dorfstraße über die Straßen Am Kirchenweg und Flintberg. Nach einiger Zeit erreichen Sie ein kleines Gewerbegebiet vor den Toren der Stadt Eckernförde und umrunden dies auf dem Rosseer Weg nach links. Die B 76 unterqueren Sie und radeln auf das Windebyer Noor zu. Es war einstmals Teil der Eckernförder Bucht und damit der Ostsee. Heute handelt es sich um ein Binnengewässer, an dessen Ufer Sie sich nach links wenden und wenig später erneut die Bundesstraße unterqueren. Gleich dahinter lohnt sich noch ein Stopp vor der Innenstadt von Eckernförde. Am Umwelt-Informations-Zentrum wenden Sie sich nicht nur nach rechts, sondern haben auch die Möglichkeit, die Eichhörnchen-Schutzstation aufzusuchen. Am Ende der kleinen Grünanlage nur noch einmal nach links und Sie radeln geradewegs wieder auf den Hafen von Eckernförde zu.

SCHNUPPERTOUR AUF DEM OSTSEEKÜSTENRADWEG

Kleine Weltreise am Meer über Kalifornien und Brasilien

Zu Anfangs ist es ein wenig mühsam, über die großen Straßen die Stadt Kiel zu verlassen. Hat man das aber hinter sich gebracht, genießt man die ruhige Fahrt, die überwiegend direkt am Meer verläuft. Mit interessanten Eindrücken vom Ehrenmal in Laboe geht es gleich weiter nach Kalifornien und Brasilien auf dem Ostseeküstenradweg entlang.

12

Auf dem Ostseeradweg hat man immer das Meer an seiner Seite.

KIEL INNENSTADT Auf der Bahnhofsbrücke bzw. der Hörnbrücke lassen Sie den Kieler Hauptbahnhof hinter sich und wechseln zum gegenüberliegenden Germaniahafen. Um die Innenstadt zu verlassen, biegen Sie an der breiten Werftstraße nach links ab. Folgen Sie der kurvigen Straße an den vorhandenen Hafeneinrichtungen vorbei. Nach einiger Zeit weichen die Gewerbebetriebe den Wohnhäusern, die Straße wird dadurch aber nicht weniger belebt. Ein klein wenig angenehmer wird die Strecke des Ostseeküstenradweges, wenn Sie vor der Unterführung der breiten Bundesstraße nach links in die Schöneberger Straße einbiegen. Dabei überqueren Sie die Schwentine und halten sich danach links.

Halb rechts zweigt der Halkendorfer Weg ab, der in ein Wohnviertel hineinführt. Auf dieser Straße fahren Sie einfach bis zu einem Kreisverkehr und wenden sich dort nach links. Der Radweg neben der zweispurigen Straße verläuft teilweise durch einen Wald und an einigen Kleingärten vorbei. Beim Verlassen des Waldes radeln Sie halb links in die Straße Gänsekrugredder. Es ist nicht ganz einfach, im Großstadttrubel eine Radtour zu genießen, doch die Straße führt nun direkt bis zu einem Strand an der Ostsee bzw. zur Kieler Bucht, wo es fortan deutlich entspannter zugeht und wo man häufig den Blick über das Meer schweifen lassen kann.

OSTSEEKÜSTENRADWEG Der Ostseeküstenradweg macht nun seinem Namen alle Ehre, wenn Sie sich nach rechts wenden und für einige Zeit direkt am Wasser entlangradeln. Am Strandrestaurant Kiek ut geht es zwar über die Konsul-Lieder-Allee wieder in den Wald hinein, aber die Nähe zum Meer ist noch immer zu spüren. Außerdem erblickt man das Wasser ja auch schon bald wieder, wenn man an einer T-Kreuzung nach links abbiegt. Ein Jachthafen wird passiert, dem schon bald ein U-Boot-Ehrenmal folgt. Dieses wurde auf der sogenannten Möltenorter Schanze errichtet und trägt die Namen von mehr als 35 000 Marinesoldaten, die in den beiden Weltkriegen bei U-Boot-Fahrten ums Leben kamen. Am Ehrenmal hält man sich rechts und folgt dem Ostseeküstenradweg am Strand vorbei. Auf der einen Seite erstreckt sich ein Waldgelände, auf der anderen Seite breitet sich das Wasser aus, nur unterbrochen von einem Campingplatz und dem einen oder anderen Badestrand, bis man Laboe erreicht hat.

Tipp

SCHLESWIG-HOLSTEIN-ERFAHRUNG

Das Marine-Ehrenmal in Laboe entstand zwischen den beiden Weltkriegen. Im Jahr 1996 wurde es zur Gedenkstätte umgewidmet und richtet sich seither an alle auf See verbliebenen Menschen. Mit mehreren unterirdischen Räumlichkeiten ist im Denkmal auch ein Museum untergebracht, das an die Schrecken des Krieges erinnert. Über 300 Stufen oder mit einer Fahrt im Aufzug erreicht man die Spitze des über 70 Meter hohen Turmes. Von oben hat man nicht nur einen weiten Blick über die Küstenlandschaft und auf die Ostsee, sondern man schaut auch genau auf U 995 hinab. Das U-Boot mit dieser Kennung wurde in den letzten zwei Kriegsjahren auf neun Feindfahrten eingesetzt. Nachdem es nach dem Krieg als Ausbildungsschiff für die norwegische Marine diente, wurde es neben dem Marine-Ehrenmal als Museumsschiff aufgestellt und kann seither besichtigt werden (Marine-Ehrenmal, Strandstraße 92, 24235 Laboe und Technisches Museum U 995, Strandstraße 92, 24235 Laboe, www.deutscher-marinebund.de).

↑ Weit sichtbar ist das Marine-Ehrenmal in Laboe.
↗ Heute ist das U-Boot zum Glück nur noch ein Museum.
→ Dieses Brasilien liegt an der Ostsee.

Tipp

GUTEN APPETIT

Oma's Kaffeestuuv klingt schon urig und gemütlich. Und es passt wunderbar, denn wer kennt nicht das Geschirr mit dem Delfter Blau, das meistens Gebäude, Städte oder Schiffe zeigt? Eine Sammlung davon befindet sich an den Wänden über den Tischen. Zumindest dort, wo keine alten Kaffeemühlen auf spitzengedeckten Wandschränken stehen. Das Blau in Oma's Kaffeestuuv ist auch von außen unverkennbar. Die aus Holz bestehenden Elemente des reetgedeckten Hauses leuchten in hellblauen Tönen und weisen dem Radfahrer die Richtung zur gemütlichen Einkehr. Den Weg kennen allerdings auch viele andere, weshalb es hier selten leer ist.

LABOE An der Promenade von Laboe fährt man gemütlich am Strand entlang, der hier an heißen Sommertagen gut besucht ist. Am Ende der Promenade erscheint linker Hand das U-Boot 995 sowie das weithin sichtbare Marine-Ehrenmal auf der rechten Seite. Nach dem Besuch radeln Sie weiter an der Küste entlang, lassen die kleine Dünenlandschaft hinter sich und fahren immer wieder an Campingplätzen, Jachthäfen und kleinen Ortschaften vorbei. Mit etwas Rückenwind erreichen Sie außerdem spielend den Schönberger Strand und die weltgewandt klingenden Strandabschnitte Kalifornien und Brasilien. Hier kann man mit wenigen Tritten in die Pedale also von Nordamerika nach Südamerika radeln. Zurückzuführen ist diese Kuriosität angeblich auf einen Fischer, der eine Holzplanke mit der Aufschrift »California« fand und diese an sein Heim nagelte. Ein neidvoller Nachbar sah das und bepinselte ein Holzbrett mit der Aufschrift »Brasilien«, um auch seine Fischerkate zu verschönern. Hinter Brasilien warten weitere Campingplätze und weite Landschaften, bis man das Restaurant Strandlächeln erreicht.

IM LANDESINNEREN UNTERWEGS Am Restaurant verlässt der Ostseeküstenradweg die Ostsee und führt ein Stück durch das Landesinnere. Folgen Sie der Beschilderung bis Hohenfelde, wo Sie vor dem Ort links abbiegen und wenig später über den Weiler Monkamp bis Satjendorf fahren. Hinter Satjendorf überqueren Sie eine Landstraße und radeln nun längere Zeit auf kurvigen, kleinen einspurigen Straßen an mehreren Höfen vorbei bis zum offiziellen Ende dieser Etappe des Ostseeküstenradweges in Behrensdorf.

INFO

Mittel | 48 km | 217 Hm | 3.30 Std.

HIGHLIGHT
Naturparadies

TOURENCHARAKTER
Streckentour auf asphaltierten Radwegen, Neben- und Wirtschaftsstraßen

AUSGANGSPUNKT
Bahnhofsplatz am Hbf Kiel

ENDPUNKT
Behrensdorf

GPS
von 54.315539, 10.133169
bis 54.349088, 10.604535

ANFAHRT
Auto: Über die Autobahnen 210 oder 215
Bahn: Mit dem ICE und zahlreichen Regionalbahnen

KOMBINIERBAR MIT
Touren 19 und 20

E-BIKE-LADESTATION
Touristinformation Laboe, Börn 2 und Buerbarg 34, Laboe

RADVERLEIH
Kiel: Nextbike mit Stationen an der Holstenstraße 55, am Vinetaplatz 2 und an der Schwentinestraße; Fahrradverleih, Hamburger Chaussee 26;
Laboe: Strandstraße 28; Fahrradverleih Hörster, Strandstraße 14

RADKARTEN
ADFC-Regionalkarte 1:75 000, Kieler Förde/Fehmarn/Holsteinische Schweiz

INFORMATION
www.kiel-marketing.de;
www.laboe.de

Anhalten, entspannt hinsetzen und genießen – auf Fehmarn sehr einfach möglich

13

INSELRUNDFAHRT FEHMARN

Von Hafen zu Hafen an der Ostküste der Insel

Auf diesem Radausflug steht das Meer im Vordergrund. Von der Inselhauptstadt Burg radelt man zunächst gemütlich zwischen den Feldern bis zum Fährhafen von Puttgarden. Mit Rückenwind geht es dann fast ausschließlich an der Küste entlang, bis der kleine Jachthafen von Burg erreicht wird, und dieser das Ende des halbtägigen Rundkurses einläutet.

BURG AUF FEHMARN Nach einem kleinen Bummel durch das Städtchen Burg auf Fehmarn schwingt man sich an der St.-Nikolai-Kirche im Ortszentrum auf den Sattel und radelt die Breite Straße nordwärts bis zum Marktplatz. Dieser mündet in die Bahnhofstraße und die Niendorfer Straße, in die Sie rechts einbiegen. Gleich an der ersten Gelegenheit bleiben Sie halb links und folgen dem Niendorfer Weg aus dem Ort hinaus. Die letzten Wohnhäuser lassen Sie schnell hinter sich und die weiten Felder von Fehmarn breiten sich vor Ihnen aus. Es ist aber gerade einmal ein Kilometer hinter Burg, bis Sie auf die nächste Siedlung stoßen. In Niendorf lassen Sie die Landstraße hinter sich und wenden sich nach rechts in den Klausdorfer Weg. So schnell, wie man im Ort war, so schnell ist man auch schon wieder draußen. Weiter geht die Fahrt entlang einer wenig befahrenen Straße und an einem kleinen Picknickplatz innerhalb einer Kurve bis Klausdorf. Auch dieses ruhige Dörfchen, bestehend aus einigen wenigen Bauernhöfen und Pensionen, ist schnell durchquert. Einmal auf der Dorfstraße nach links abgebogen und schon radelt man schnurstracks zum Weiler Presen.

Hier biegt der Weg scharf nach links ab und verläuft an einigen Windrädern vorbei, bis man plötzlich vor der Bahntrasse steht, auf der die Züge zum Fährterminal nach Puttgarden verkehren. Sie wenden sich nach links, um kurz darauf eine 180°-Wendung zu machen. Danach werden die Gleise und in dem Zusammenhang auch die Bundesstraße auf einer Brücke überquert. Auch Sie machen es damit den Zügen gleich und nähern sich dem kleinen Ort Puttgarden, der vom eigentlichen Fährterminal entfernt liegt. Natürlich kann man einfach geradeaus durch den Ort fahren, zum Beispiel zum Campingplatz, und von dort über das Meer in Richtung Dänemark schauen. Dabei schaut man

Tipp

SCHLESWIG-HOLSTEIN-ERFAHRUNG

Die größte Insel Schleswig-Holsteins ist die Insel Fehmarn. Über die im Jahr 1963 eröffnete Fehmarnsundbrücke ist das Eiland mit Großenbrode auf dem Festland verbunden. Sie überspannt den fast eineinhalb Kilometer breiten Fehmarnsund. Mit dem Leuchtturm Staberhuk im Südosten von Fehmarn wird der östlichste Punkt Schleswig-Holsteins markiert. Etwas mehr im Landesinneren liegt die größte Ortschaft, Burg auf Fehmarn. Im Zentrum der rund 6000-Einwohner-Stadt erhebt sich seit dem 13. Jahrhundert die St.-Nikolai-Kirche. Für viele Reisende ist Fehmarn jedoch nur eine Zwischenetappe auf dem Weg nach Skandinavien. Denn im nördlichen Ort Puttgarden befindet sich der umfangreiche Fährbahnhof, von dem aus die Schiffe nach Dänemark ablegen. Noch, muss man dazusagen. Denn seit Anfang 2021 sind die Arbeiten am Fehmarnbelttunnel im Gange, der Fehmarn mit der dänischen Insel Lolland auf einer Länge von gut 18 Kilometern verbinden wird. Die Fertigstellung ist für 2029 vorgesehen.

Blick auf das Fährterminal bei Puttgarden

Tipp

GUTEN APPETIT

Kurz vor Abschluss der Rundtour steht man also plötzlich am Hafen von Burg und spürt man so langsam im Bauch das Gefühl von Appetit und Hunger. Wie passend, dass es rund um den Hafen mehrere Restaurants gibt, die die verbrannten Kalorien wieder ersetzen können. Das Fehmarnsche Fischlädchen bietet, man wundert sich angesichts des Namens nicht, jede Menge Auswahl aus dem Meer, gerne auch zum Mitnehmen auf die Hand. Maritime Ausstattung mit alten Seefahrtsfotos innen und aktuellen Ausblicken auf den Hafen außen bietet nur wenige Schritte entfernt das Fischrestaurant Zum goldenen Anker. Ebenso gemütlich sitzt man übrigens auch im Restaurant Lotsenhus, der Hunger wird also sicher schnell vorbei sein.

dem Treiben am Fährterminal zu bzw. wie die Schiffe an- und ablegen.

ENTLANG DER KÜSTE Doch die Radroute zweigt gleich am Ortseingang nach rechts ab. Nach kurzer Zeit unterqueren Sie die breite Eisenbahnbrücke und fahren ein kurzes Stück neben den Gleisen entlang. Hinter dem ersten Feld biegen Sie rechts ab in Richtung Marienleuchte, einem weiteren kleinen Ort der Insel Fehmarn, der jedoch direkt am Wasser liegt. Mit einem Schlenker nach rechts durchqueren Sie Marienleuchte und haben anschließend freien Blick auf die Ostsee, und das nun auch für längere Zeit. Denn Sie bleiben auf dem Uferweg, passieren die Räder eines kleinen Windparkes und lassen zwei Campingplätze hinter sich. Hinter dem Campingplatz Katharinenhof, dem zweiten der beiden Plätze, ist der Weg ein wenig von der Küste abgekommen. Daher geht es direkt

↓ Mancherorts radelt man auf so schmalen Pfaden.
→ Unterwegs passiert man das Rathaus von Burg.
↘ Burg auf Fehmarn ist der Hauptort der Ostsee-Insel.

INFO

HIGHLIGHT
Naturparadies

TOURENCHARAKTER
Rundtour auf asphaltierten Radwegen, Neben- und Wirtschaftsstraßen

AUSGANGS-/ENDPUNKT
Breite Straße, Burg auf Fehmarn

GPS
54.315705, 10.133090

ANFAHRT
Auto: Burg auf Fehmarn liegt nahe der B 207 als Europastraße 47 auf dem Weg nach Dänemark.
Bahn & Bus: Vom Bahnhof Puttgarden mit dem Bus nach Burg

KOMBINIERBAR MIT
keiner anderen Tour

E-BIKE-LADESTATION
Klausdorfer Hofladen, Dorfstraße 30, Klausdorf

RADVERLEIH
Burg auf Fehmarn: Fahrradverleih Grimm, Staakensweg 67; Struve, Wilhelmstraße 4; Fehmarn-Travel, Süderstraße 24;
Bannesdorf: Bike Hof, Meisterstraße 29

RADKARTEN
ADFC-Regionalkarte 1:75 000, Kieler Förde/Fehmarn/Holsteinische Schweiz

Leicht | 38 km | 116 Hm | 2.30 Std.

INFORMATION
www.fehmarn.de

hinter dem ersten Feld nach links, um die Tour unmittelbar an der Küste fortzusetzen. An der Marineküstenstation Staberhuk sollte man noch eine kurze Pause einlegen und das Fahrrad vielleicht auch mal stehen lassen. Denn hier kann man zu Fuß zur kleinen gleichnamigen Steilküste spazieren und sich die frische Brise um die Nase wehen lassen.

IM SÜDEN FEHMARNS Auf der Zufahrtsstraße fahren Sie geradeaus zum Dorf Staberdorf, das aber nur kurz gestreift wird. Kurz darauf erreichen Sie wieder die Küste und radeln zwischen Campingplatz und Strand zum Burger See. Am beliebten und meist gut besuchten Südstrand kann man ein weiteres Mal das Rad anschließen und es sich im Sand gut gehen lassen. Am Ostufer des Burger Sees radeln Sie bis zum Hafen der Stadt Burg. Dort lässt sich das maritime Leben am Jachthafen beobachten, einkehren oder auch das U-Boot-Museum besichtigen. Über die Straße Burgstaaken, die in den Staakensweg übergeht, gelangen Sie immer geradeaus zurück in das Zentrum von Burg und zur Breiten Straße am Ausgangspunkt der Tour.

ZU DEN SEEBRÜCKEN AN DER OSTSEE

Auf den Promenaden zwischen Grömitz und Travemünde

Auf dieser Tour sollte man ein wenig Extrazeit einplanen. Denn unterwegs gibt es nicht nur jede Menge zu sehen, sondern auch mehrere Promenaden, die zum Abbremsen zwingen. Aber das macht man gerne, denn zahlreiche Restaurants versüßen einem so die Radtour. Auch die Seebrücken, die in die Ostsee hineinragen, sind natürlich einen kleinen Abstecher mit Aussicht und Pause wert.

Mit weiten Sandstränden lockt die Ostsee, um mal Pause zu machen.

14

GRÖMITZ Am Kurpark von Grömitz radeln Sie rechts auf die Wicheldorfstraße in Richtung Strand. Diesen erreichen Sie auf der Uferstraße und genießen dabei den Blick auf die Ostsee. Doch die Freude über den Ausblick währt nur kurz, denn der Ostseeküstenradweg zweigt am Ende von Grömitz nach rechts ab in das Landesinnere. Aber keine Sorge, später geht es wieder zurück an die Küste. Jetzt radeln Sie an der Straße Königsredder nach rechts und folgen ihr bis zur breiten B 501, an der Sie nach links abbiegen. Es sind eineinhalb Kilometer bis Bliesdorf, wo Sie die Landstraße verlassen und links in die Brodauer Straße einbiegen. Auf einer schmalen Straße geht es zwischen Feldern bis zum Gut Brodau, das sich auf einer kleinen Insel befindet und auf jeden Fall einen kurzen Fotostopp wert ist. An der Zufahrt zum Gut Brodau lenken Sie das Fahrrad in Richtung Küste, um an mehreren Campingplätzen vorbei bis zur Strandpromenade zu gelangen. Weiter geht es direkt am Ufer entlang, wo es aber wenig später ein wenig betriebsamer wird. Denn Sie erreichen Pelzerhaken, einen Ortsteil von Neustadt in Holstein und gleichzeitig ein beliebtes Urlaubs- und Reiseziel. Zahlreiche Pensionen und Campingplätze sowie ein beliebter Badestrand prägen den Ort, der auf der Wiesenstraße durchquert wird.

NEUSTADT IN HOLSTEIN Auf der Pelzerhakener Straße geht die Radtour hinter den nächsten Campingplätzen weiter, die einem die Sicht auf die Ostsee nehmen. Doch nach Umrundung des Parkplatzes an einer Klinik erreicht man wenig später wieder das Meer und biegt direkt vor dem Wasser rechts ab. Durch Neustadt zu radeln stellt sich als gar nicht so kompliziert heraus. Denn Sie bleiben einfach am Küstenweg, obwohl vom Meer nicht mehr viel zu sehen ist. Vielmehr handelt es sich um ein Verbindungsgewässer zwischen Ostsee und Neustädter Binnenwasser, an dem Sie bis zum Stadtzentrum radeln. Ein Abstecher zum Marktplatz ist an der Brückstraße problemlos möglich, doch der Radweg verläuft nach links über die Brücke.

Beim Vorbeiradeln erhascht man einen Blick auf Gut Brodau.

Bis Sierksdorf ist man nun wieder einige Zeit vom Meer getrennt. Der Radweg verläuft zunächst auf der Eutiner Straße stadtauswärts

Tipp

GUTEN APPETIT

Wer sich selbst Erlebniscafé nennt, der muss sich natürlich an seinen eigenen Worten messen lassen. Das Erlebnis in der Hermannshöhe ist auf jeden Fall schon mal die unverbaute Aussicht auf das Meer. Das zweite Erlebnis ist, dass es nicht nur maritime Speisen gibt, sondern auch Freunde von Klassikern mit Schnitzeln und Burgern auf ihre Kosten kommen. Kleine Radfahrer haben ihr größtes Erlebnis vermutlich auf dem angrenzenden Abenteuerspielplatz und zu guter Letzt gibt es die kulinarischen Erlebnisse auch noch zum Mitnehmen. Zumindest Tee, Marmelade und Wein sind neben weiteren Andenken im dazugehörigen Souvenirladen Luv & Lee erhältlich.

Beim Ostseeküstenradweg ist Meerblick garantiert.

bis zu einem Kreisverkehr, an dem Sie nach links in die Sierksdorfer Straße einbiegen. Durch das Gewerbegebiet radeln Sie zu einem weiteren Kreisverkehr, biegen erneut nach links ab und sind nun aus Neustadt hinaus. Vor Ihnen liegen wieder Felder, doch das nächste Zwischenziel ist in der Ferne schon sichtbar. Die Fahrgeschäfte im HANSA-PARK lassen sich nicht übersehen. So hat man diesen auch schnell erreicht und kurz dahinter wendet man sich links auf die Professor-Haas-Straße, mit der man wieder zu den Ostseestränden gelangt.

Tipp

SCHLESWIG-HOLSTEIN-ERFAHRUNG

Einer der größten deutschen Freizeitparks liegt unmittelbar am Meer, genauer gesagt an der Ostseeküste bei Sierksdorf. Der HANSA-PARK ist in zwölf Themenbereiche unterteilt und lockt adrenalinsüchtige sowie vergnügungshungrige Besucher aller Altersklassen an. Zu den Attraktionen zählen Achterbahnen, Wasserfahrgeschäfte, Karussells und Gyro-Tower. Hierbei werden die Fahrgäste an einem schmalen Turm hochgefahren, können kurz die Aussicht genießen und dann geht es im freien Fall wieder hinab. Die Türme sind weithin sichtbar und bilden eine Landmarke an der Ostseeküste zwischen Scharbeutz und Neustadt (HANSA-PARK, Am Fahrenkrog 1, 23730 Sierksdorf, www.hansapark.de).

VON SCHARBEUTZ ZUM TIMMENDORFER STRAND Ab jetzt bleibt der Ostseeküstenradweg seinem Namen gerecht, denn fortan verlässt man die Küste kaum noch. Zunächst einmal passiert man die kleine Ortschaft Haffkrug, die vor allen Dingen mit ihrer knapp 150 Meter langen Seebrücke auffällt. Darüber hinaus verlocken zahlreiche Einkehrmöglichkeiten und kleine Geschäfte entlang der Promenade zu einem längeren Zwischenstopp. Haffkrug ist bereits seit über 200 Jahren als Heilbad anerkannt, gehört aber mittlerweile zu Scharbeutz. Der Hauptort Scharbeutz folgt nur wenig später und der Übergang von einer Promenade zur nächsten ist beinahe fließend. Erst am Ende von Scharbeutz spürt man eine deutliche Trennung zu Timmendorfer Strand. Denn zwischen beiden Ortschaften passiert man ein kurzes Waldstück und gleich dahinter radelt man auf dem Gebiet von Timmendorfer Strand nicht mehr direkt am Wasser entlang, sondern auf der Strandallee. Durch die Wohn- und Ferienhäuser bietet sie keinen freien Blick mehr auf das Wasser oder den Strand. Doch beides liegt gleich hinter der Häuserreihe und ist spätestens an der Kurpromenade mit einem kleinen Abstecher zu erreichen. Dort befindet sich übrigens auch die nächste Seebrücke, die sogar noch einhundert Meter länger ist als die in Haffkrug.

NACH TRAVEMÜNDE Gleich dahinter geht die Tour auf der Strandallee weiter. Hinter der Seebrücke Niendorf biegen Sie links in die Ostseeallee ein und sind wieder am Wasser unterwegs. Promenaden, Seebrücken und viel besuchte Strände fallen nun für den Rest der Tour weg, zumindest bis Sie nach gut fünf Kilometern den letzten Ort dieser Reise auf dem Ostseeküstenradweg erreicht haben. Die Strände sind einer überschaubaren Steilküste gewichen. Strand findet man wieder in Travemünde, dem Ortsteil Lübecks, wo die Trave die Ostsee erreicht. Wer will, kann an der Trave und der dortigen Promenade seine Tour beenden. Es besteht aber auch die Möglichkeit, mit der Fähre nach Priwall zu fahren und der Beschilderung des Ostseeküstenradweges noch ein kurzes Stück zu folgen, um bis zum Ende von Schleswig-Holstein zu fahren. Und natürlich kann man auch noch weiterradeln.

INFO

HIGHLIGHT
Naturparadies

TOURENCHARAKTER
Streckentour auf asphaltierten Radwegen, Neben- und Wirtschaftsstraßen

AUSGANGSPUNKT
Kurpark in Grömitz, Wicheldorfstraße

ENDPUNKT
Travemünde Hafen

GPS
von 54.145666, 10.958187
bis 53.961077, 10.883630

ANFAHRT
Auto: Grömitz liegt an der B 501 und nahe der A 1.
Bahn & Bus: Ab Bahnhof Lübeck mit dem Bus

KOMBINIERBAR MIT
Tour 15

E-BIKE-LADESTATION
Grömitz: Pappelallee 1; Scharbeutz: Strandallee 135; Travemünde: Hermannshöhe und Restaurant Baltic Bay, Travemünder Landstraße 300

Mittel	42 km	195 Hm	3.30 Std.

RADVERLEIH
Grömitz: Fahrradvermietung Haus Norden, Wicheldorfstr. 58–60; Bike and More, Am Strande 1–3; Fahrrad Behrens, Blankwasserweg 25; Neustadt in Holstein: Ostsee Verleih Rettin, Strandweg 54; TobisRad, Dünenweg 1f; Scharbeutz: Denker, Strandallee 47; TobisRad, Badeweg 13; Timmendorfer Strand: TobisRad, Strandallee 73b; Max Bike, Poststr. 8; Schütz, Strandallee 135/137; Niendorf, Strandstraße 37; Lübeck-Travemünde: Strandbahnhof, Bertlingstr. 21; TobisRad, Trelleborgallee 2

RADKARTEN
ADFC-Regionalkarte 1:75 000, Kieler Förde/Fehmarn/Holsteinische Schweiz

INFORMATION
www.groemitz.de;
www.travemuende-tourismus.de

Bei einem Besuch in Lübeck gehört ein Abstecher zum Holstentor einfach dazu.

15

VON LÜBECK NACH TRAVEMÜNDE

Huckepack unter der Trave hindurch

Einfach mal aus der Stadt hinaus – in Lübeck bedeutet das, dass man die Altstadt verlässt und zum Teil entlang der Trave bis in den Vorort Travemünde radelt. Als Abschluss einer Radtour ist der Blick aufs Meer natürlich immer eine tolle Belohnung. Auf dem Weg dorthin muss man jedoch einmal umsteigen und einen kostenlosen Shuttlebus besteigen – auch eine interessante Abwechslung.

ALTSTADT LÜBECK Die Altstadtinsel von Lübeck hat man relativ schnell und einfach verlassen. Fahren Sie die Breite Straße, die die Altstadt von Nord nach Süd durchquert. In Richtung Norden passieren Sie das historische Rathaus, die Marienkirche und wenig später die St.-Jakobi–Kirche auf der rechten Seite. Noch ein kleines Stück weiter nördlich erscheint schließlich das Burgtor, durch das Sie die Altstadt verlassen und in ein deutlich grüneres Stadtviertel gelangen. Auf der Travemünder Allee ist es zwar nicht wirklich ruhig, sie ist immerhin eine der wichtigsten Verkehrsachsen der Stadt, der Radweg neben der Straße ermöglicht jedoch halbwegs entspanntes Radeln in der Großstadt. Spätestens an der Überquerung zur Straße Heiligen-Geist-Kamp ist es notwendig, auf die linke Straßenseite der Travemünder Allee zu wechseln.

Nur wenig später verlässt man diese hinter einer bewaldeten Grünanlage und Sie radeln auf dem Glashüttenweg durch ein Wohnviertel bis zu einer T-Kreuzung. Hier schlagen Sie den Lenker rechts ein und sehen hinter den letzten Häusern auf der linken Seite einen Weg, der in einen Wald hineinführt. Und nicht nur das. Er bringt sie sogar durch den Wald bis zum rechten Ufer der Trave, an dem Sie dem Fluss folgen und das ruhige Naturschutzgebiet Schellbruch durchqueren.

ENTLANG DER TRAVE Während Sie auf dem Schotterweg durch die ruhige Natur radeln, erblicken Sie rechts eine der sogenannten Lagunen, aus denen das Naturschutzgebiet besteht. In den 1970er-Jahren gab es Bestrebungen, hier einen Hafen zu errichten, die zum Glück durch Bürgerproteste verworfen wurden. Bei der Überquerung einer kleinen Brücke lohnt ein Blick nach links zum anderen Traveufer. Mit etwas Glück erkennen Sie dort einen Gedenkstein. Er erinnert an Alt Lübeck, auch *Liubice* genannt. Dabei handelte es sich um eine slawische Siedlung, die bis 1138 bestand und als Vorgängersiedlung der heutigen Hansestadt betrachtet wird.

Sie radeln weiter an der Trave entlang, bis Sie den Jachtclub Kattegatt erreichen. Dahinter

Tipp

SCHLESWIG-HOLSTEIN-ERFAHRUNG

Lübeck gilt als eine der schönsten Städte in Schleswig-Holstein und bietet eine vielfältige und sehenswerte Altstadt. Mit über 1000 Kulturdenkmälern innerhalb des Zentrums wurde die Lübecker Altstadt bereits in den 1980er-Jahren zum Weltkulturerbe der UNESCO erklärt. Sie erstreckt sich am Ufer der Trave, die wenig später im zu Lübeck gehörenden Ortsteil Travemünde in die Ostsee fließt. Die im 12. Jahrhundert gegründete Hansestadt wuchs schnell zu einer wichtigen und florierenden Handelsstadt heran. Dementsprechend erhielt sie eine umfangreiche Stadtbefestigung, um sich von äußeren Einflüssen zu schützen. Erhalten geblieben ist hiervon das zum Wahrzeichen der Stadt gewordene Holstentor an der Westseite der Altstadt. Es präsentiert sich mit seinen zwei Rundtürmen nicht nur voller Stolz vor der Kulisse der Altstadt, sondern beherbergt auch ein Museum, das sich mit dem Thema des Handels, der Stadtmauer und dem Lübischen Recht befasst. Im Zentrum der Altstadt, umgeben von zahlreichen Bürgerhäusern, erhebt sich die Marienkirche, die auch als Mutterkirche der Backsteingotik bezeichnet wird und als Vorbild für 70 weitere Gotteshäuser in der Ostseeregion diente. Sie entstand mit ihren zwei fast 125 Meter hohen Türmen fast zeitgleich wie die nahe gelegene Petrikirche, die beide zusammen den Altstadtkern prägen.

↑ Durch das Naturschutzgebiet folgt man einige Zeit der Trave.
↗ Markant und weithin sichtbar ist das Ziel dieser Etappe in Travemünde.

geht es nach links und in einem Bogen über die Tunnelöffnungen des Herrentunnels. Für Radfahrer wäre hier eigentlich Schluss, würde es nicht den kostenlosen Shuttleservice durch den Tunnel geben. An der Bushaltestelle werden Radfahrer gemäß Fahrplan mitgenommen und durch das kurze Stück unter der Trave hindurchgebracht. Nach Verlassen des Busses geht es auf der Straße Kieselgrund weiter und die Autobahnbrücke wird unterquert.

Tipp

GUTEN APPETIT

Travemünde macht es einem nicht leicht, wenn es um kulinarische Köstlichkeiten geht. Die Auswahl am Kreuzfahrtterminal ist einfach zu groß. Das Restaurant Seebär bietet deutsche und maritime Küche, gleich daneben lockt der Pommes Point mit einem Imbiss für unterwegs und das Café Traveblick liegt sogar im Wasser und verspricht zu Recht auch noch einen Ausblick auf die Reisewelt. Denn während man Spargel, Schnitzel oder Bratkartoffeln verputzt, ziehen die Kreuzfahrtschiffe geradewegs am Tisch vorbei in die große weite Welt.

DURCH DEN WALD Radeln Sie auf den Straßen Olendiek und Am Langen Berg bis zum Forstweg, an dem Sie sich wiederum links halten. Sie überqueren die Bahngleise und befinden sich gleich dahinter in einem großen Waldstück. Relativ einfach brauchen Sie lediglich geradeaus zu radeln und erreichen nach zwei Kilometern das Großsteingrab Pöppendorf. Auf dem Weg dorthin passieren Sie zuvor einen Parkplatz, an dem weitere Informationen angebracht sind und an dem Sie bei Interesse das Rad abstellen können. Denn durch den Wald verläuft ein rund fünfeinhalb Kilometer langer naturkundlicher Rundwanderweg, auf dem mehrere archäologische Sehenswürdigkeiten zu entdecken sind, die erläutert werden.

Dazu gehört auch der Pöppendorfer Ringwall, hinter dem Sie nach links abbiegen und bis Ovendorf fahren. Gleich an der ersten Möglichkeit in Ovendorf folgen Sie der schmalen Straße nach rechts und überqueren kurze Zeit darauf die B 75. Biegen Sie links

INFO

HIGHLIGHT
Stadtspaziergang

TOURENCHARAKTER
Streckentour auf asphaltierten Radwegen, Neben- und Wirtschaftsstraßen

AUSGANGSPUNKT
Rathaus Lübeck

ENDPUNKT
Strand Travemünde

GPS
von 53.866857, 10.685175
bis 53.961077, 10.883630

ANFAHRT
Auto: Auf der A 1 oder A 20 oder der B 75 bzw. B 207 nach Lübeck
Bahn: Der Hauptbahnhof Lübeck wird vom ICE und zahlreichen Regionalbahnen angefahren.

KOMBINIERBAR MIT
Touren 14, 24 und 25

E-BIKE-LADESTATION
Restaurant Baltic Bay, Travemünder Landstraße 300, Lübeck

RADVERLEIH
Lübeck-Zentrum: Swapfiets, Mühlenstr. 56; Mietrad Mielke, Hüxterdamm 2; Lübeck-Travemünde: Strandbahnhof, Bertlingstr. 21; TobisRad, Trelleborgallee 2

RADKARTEN
ADFC-Regionalkarte 1:75 000, Lübeck und Umgebung

INFORMATION
www.luebeck-tourismus.de; www.travemuende-tourismus.de

Leicht | 24 km | 105 Hm | 2.00 Std.

4000 Jahre alt ist das Großsteingrab Pöppendorf.

in den Frankenkrogweg ein und wenden Sie sich hinter dem Campingplatz Travemünde Ivendorf nach links. Nun ist es entlang der Straße nur noch ein stetes Geradeaus, bis Sie Travemünde erreichen. Am Teutendorfer Weg fahren Sie nach rechts über die Gleise und direkt im Anschluss halb links in die Travemünder Straße, wo schon nach wenigen Augenblicken das quirlige Zentrum von Travemünde mit Kirche, Promenade und Hafenareal auf Sie wartet. Den Schlusspunkt bildet der Strand an der Mündung der Trave, den Sie über eine weitere kurze Abschlussfahrt entlang des Ufers erreichen.

Auch zwischen den Meeren muss man beim Radeln auf Wasser nicht verzichten.

BINNEN-LAND

Zwischen den Meeren bedeutet nicht, dass es kein Wasser zu sehen gibt.

DURCH DIE KLEINSTE STADT DEUTSCHLANDS

Genusstour an beiden Seiten der Schlei nach Arnis

Starten Sie die Radrundreise mit Aussicht auf eine der größeren Städte am Ufer der Schlei. Von dort genießen Sie die Fahrt am Schleiufer zu einem malerischen Ort, der mit Fachwerkhäusern bezirzt, und in das malerische Arnis. Diese kleinste Stadt Deutschlands ist mit ihrem charmanten Charakter ein Muss und ein Genuss.

16

Trotz geringer Größe hat Arnis einen Yachthafen.

↑ In Arnis sollte man das Rad abstellen und ein wenig spazieren gehen.
↗ Diese kleine Allee findet man in Sieseby.

KAPPELN Liebe Grüße aus Kappeln an der Schlei – so steht es auf dem Bilderrahmen an der Schleibrücke. Der rechte Brückenkopf ist ein beliebter Aussichtspunkt auf die kleine Skyline von Kappeln und so hat man hier diesen Bilderrahmen aufgestellt, um das Stadtbild auf einem Foto direkt richtig einzufangen. Gleich daneben erhebt sich die ehemalige Galionsfigur der Gorch Fock als Skulptur und stellt einen guten Ausgangspunkt für die Radtour auf beiden Seiten der Schlei dar. Überqueren Sie zunächst die B 203 und lassen Sie auf der Eckernförder Straße die Stadt hinter sich. Der Radweg entlang der ruhigen Landstraße führt Sie zunächst noch an einigen kleineren Wohnvierteln vorbei, bis Sie das Dorf Kopperby durchqueren. Kurz hinter dem Dorf zweigt in einer Kurve die schmale Straße Marienthal nach rechts ab, der Sie im weiteren Verlauf der Radtour zwischen den Feldern folgen.

An einer T-Kreuzung könnten Sie nach rechts abbiegen, um zur Schleifähre nach Arnis zu gelangen, doch die kleinste Stadt Deutschlands werden Sie gegen Ende dieser Radtour ohnehin erleben. Bleiben Sie daher zunächst einmal auf dieser Seite der Schlei und halten Sie sich links bis zur Landstraße, an der Sie

Tipp

GUTEN APPETIT

Als Radler ist es beinahe schon eine Pflicht, in der Strandhalle 54 einzukehren. Ausgediente und farbenfroh gestrichene Fahrräder weisen in Arnis den Weg dorthin und hängen vor der kleinen Einkehrmöglichkeit an den Außenwänden. Genauso farbenfroh leuchtet auch der Schilderbaum, der zu Badestränden in aller Welt zeigt. Der nächstgelegene ist laut dieser Beschilderung der Badestrand von Arnis, nur 20 Meter entfernt. Bei einem Snack oder einem leckeren Stück Kuchen kommt man mit den Stehtischen direkt am Ufer auf keinen Fall näher ans Wasser heran, sonst werden die Füße nass.

Vor schlechtem Wetter schützt beim Radeln gute Kleidung.

Tipp

SCHLESWIG-HOLSTEIN-ERFAHRUNG

Wer rechnet ernsthaft damit, dass die kleinste Stadt Deutschlands rund 300 Einwohner zählt? Natürlich ist der Grund hierfür in der Vergangenheit zu suchen. In der Zeit des Nationalsozialismus erhielt der Flecken Arnis das Stadtrecht nur auf Probe. Doch der Bürgermeister wollte sich nicht damit abfinden, dass Arnis nur ein Dorf sei und setzte sich hartnäckig für die Stadtrechte ein. Die Stadt besteht eigentlich nur aus zwei größeren Straßen. Der Neue Damm mündet in die Lange Straße, die als Hauptstraße im Ort fast 700 Meter lang ist. Von ihr zweigen mehrere kurze Stichwege zum Ufer der Schlei ab, die Arnis fast komplett umschließt. An Wachstum ist in der Stadt also kaum zu denken. Dennoch sind täglich mehr Menschen im Ort, als dort leben, denn Arnis ist wegen seiner malerischen Lage und seinem gemütlichen Ambiente ein beliebtes Ausflugsziel. Neben dem Titel der kleinsten Stadt hat Arnis übrigens noch ein weiteres Attribut: Arnis ist nämlich auch die am dichtesten besiedelte Stadt Deutschlands, kein Wunder aufgrund der geringen Größe.

wiederum rechts nach Winnemark radeln. Noch vor dem Ortsausgang, gleich hinter dem Gasthof Victoria, halten Sie sich abermals rechts und folgen dem Steinerholzer Weg durch die Landschaft bis zum Ufer der Schlei.

SCHLEI Sie radeln rund zweieinhalb Kilometer mit Blick auf das Wasser direkt neben der Schlei, bis das malerische Örtchen Sieseby mit seinen Fachwerkhäusern auftaucht. Nach einem kurzen Rundgang durch den Ort und einer kleinen Rast lassen Sie das Rad zur Landstraße rollen und wenden sich dort nach rechts. Auf dem Radweg neben der Landstraße radeln Sie zwar in Richtung Rieseby, doch nach rund drei Kilometern biegen Sie hinter einem kleinen Wäldchen scharf nach rechts in Richtung Stubbe bzw. Lindaunis ab. Lindaunis liegt auf der gegenüberliegenden Seite der Schlei und ist über die Lindaunisbrücke erreichbar. Hierbei handelt es sich um eine Klappbrücke, die als Straßenbrücke auch mit Gleisen versehen ist und daher wechselseitig sowohl von der Bahn als auch vom Individualverkehr genutzt werden kann. Jüngst begann man jedoch mit dem Bau einer etwas weiter östlich gelegenen Ersatzbrücke, die im Jahr 2023 fertiggestellt sein soll und nach dem gleichen Prinzip arbeiten wird. Auf der neuen Brücke wird es zusätzlich einen drei Meter breiten Rad- und Fußweg geben.

ARNIS Auf welcher der beiden Brücken Sie auch immer die Schlei überqueren, am anderen Ufer fahren Sie gleich nach rechts und verlassen die Halbinsel, auf der sich der kleine Ort Lindaunis befindet. Mit der Landstraße entfernen Sie sich ein wenig von der Schlei und radeln bis zur Bushaltestelle Boren Ketelsby/Eiche, an der Sie nach rechts in die Straße einbiegen. Zwischen den weiten Feldern der flachen Landschaft nähern Sie sich wieder dem Wasser an und erreichen das Ufer der Schlei beim Campingplatz in Karschau.

Fahren Sie geradeaus bis zu einer T-Kreuzung und wenden Sie sich dort nach rechts in Richtung Grödersby. Direkt am Ortseingang fahren Sie rechts in den Marienhofer Weg und biegen kurz darauf erneut nach rechts ab, um das Rad gemütlich zum Ufer der Schlei rollen zu lassen. Nur noch wenige Augenblicke in der Landschaft mit ihrem dörflichen Charakter, bis Sie die Stadt Arnis erreichen. Nach dem ausgiebigen Aufenthalt radeln Sie auf dem Neuen Damm stadtauswärts bis zum Parkplatz auf der rechten Seite. Biegen Sie nach rechts ab und folgen Sie dem kurvigen Verlauf des Landwirtschaftsweges. Das Erste, was Sie nach kurzer Fahrt in Kappeln erreichen, ist der südliche Jachthafen, den Sie hinter sich lassen. Sie radeln konsequent am Schleiufer weiter und gelangen automatisch zur Promenade von Kappeln, wo Sie sich natürlich ausgiebig mit der nächsten Stadtbesichtigung befassen können. Um zum Ausgangspunkt zurückzukehren, fahren Sie rechts über die Schleibrücke; Sie können zuvor beobachten, wie diese hochgeklappt wird.

INFO

HIGHLIGHT
Stadtspaziergang

TOURENCHARAKTER
Rundtour auf asphaltierten Radwegen, Neben- und Wirtschaftsstraßen

AUSGANGS-/ENDPUNKT
Aussichtspunkt Schleibrücke, Kappeln, an der B 203

GPS
54.659945, 9.938573

ANFAHRT
Auto: Auf der A 7 bis Ausfahrt Schleswig, weiter über die B 201
Bus: Ab Eckernförde oder Schleswig

KOMBINIERBAR MIT
Touren 10 und 11

E-BIKE-LADESTATION
leider keine

RADVERLEIH
Kappel: Schmidt, Schmiedestr. 30; Schleiräder, Ustkaweg 2

RADKARTEN
ADFC-Regionalkarte 1:75 000, Schleswig/Flensburg

INFORMATION
www.touristikverein-kappeln.de; www.arnis.de

Mittel | 33 km | 165 Hm | 3.00 Std.

Am Südufer der Schlei hat man einen tollen Blick auf die Häuser von Schleswig.

17

AUF DEN SPUREN DER WIKINGER

Rundtour bei Schleswig an der Schlei

Lust auf eine Reise in die Vergangenheit? Es beginnt bereits beim Verlassen der Stadt Schleswig, wo sich die Gelegenheit bietet, das altehrwürdige Schloss Gottorf zu besichtigen. Wenig später geht die Reise noch weiter zurück, zu den Wikingern an der Siedlung Haithabu und schließlich zu einem frühzeitlichen Megalithgrab. Deutlich jünger ist die ehemalige Bahntrasse, auf der man abschließend wieder nach Schleswig hineinradelt.

SCHLESWIG Der Sankt-Petri-Dom in Schleswig ist ein steter Begleiter auf dieser Rundtour. Von fast überall auf der Wikingerroute lässt er sich erblicken. Daher bietet er sich als Ausgangspunkt geradezu an. Vor der Kirche verläuft die Plessenstraße, auf der Sie anfangs nordwärts, also mit der Schlei im Rücken, radeln. Um den innerstädtischen Bereich von Schleswig zu verlassen, biegen Sie an der ersten Kreuzung links in die Königstraße ein und radeln am Strandweg bis zum Schleiufer. Hier bleiben Sie einfach geradeaus und treffen auf die Kreuzung zur Gottorfer Straße. Rechts geht es zum Schloss Gottorf, das im Laufe der Jahrhunderte von einer mittelalterlichen Burg zum größten Schloss Schleswig-Holsteins um- und ausgebaut wurde. Für den Besuch des Schlosses auf der Museumsinsel sollte man mehr Zeit mitbringen. Eine gute Gelegenheit also, wenn man von dieser Radtour zurückkehrt.

Diese verläuft nun links bis zur quer verlaufenden Gottorfbrücke, auf der die B 76 verläuft. An ihr wenden Sie sich nach links und folgen ihr vorläufig, stets das Wasser der Schlei im Blick. Halten Sie sich links und Sie erreichen Odins historisches Gasthaus Haddeby. Es ist nicht nur eine ideale Einkehrmöglichkeit, sondern markiert auch den Abzweig nach rechts zum Wikingermuseum Haithabu. Auch hier gilt: Zeit mitbringen. Nach dem Besuch der einstigen Siedlung überqueren Sie einen Damm und biegen gleich dahinter in die Dorfstraße ein. Auf der leicht kurvigen Strecke durchqueren Sie Fahrdorf und finden sich anschließend auf einem Radweg neben einer Landstraße wieder, auf dem Sie einige Felder passieren.

DURCH DIE DÖRFER AN DER SCHLEI Auf der abwechslungsreichen Strecke blicken Sie nicht nur über die Weite der Felder, sondern schauen Golfern beim Abschlag zu. Denn der Golfclub an der Schlei umschließt beinahe das gesamte Dorf Güby, in dem Sie den Hof Louisenlund auf der rechten Seite liegen lassen und wenig später in einen Wald hineinradeln. Hinter der kleinen hölzernen Waldkapelle Louisenlund biegen Sie an einer T-Kreuzung rechts und radeln bis zu den ersten Häusern von Fleckeby. Auf der Straße Hykamp geht es bis vor einen Hof, vor dem Sie den Lenker nach links einschlagen und bis zum schmalen Lauf der Großen Hüttener Au radeln. Hier noch einmal links abgebogen und Sie sind wieder zurück am Ufer der Schlei. Folgen Sie dem Weg bis Weseby, wo Sie sich an der Kreuzung im Dorf nach rechts wenden und

Tipp

SCHLESWIG-HOLSTEIN-ERFAHRUNG

Im Jahr 2018 wurden Haithabu und Danewerk von der UNESCO zum Weltkulturerbe geadelt. Dabei handelt es sich um einen sogenannten archäologischen Grenzkomplex, bestehend aus der Grenzbefestigung des Danewerkes und dem wichtigen Handelsort der Wikinger, Haithabu. Das Danewerk gilt als das größte archäologische Denkmal in Nordeuropa und besteht aus mehreren Erdwällen mit Wehrgräben, einem Seesperrwerk, zwei Wallburgen und einer Ziegelsteinmauer. An der Stelle des Wikingerdorfes östlich von Busdorf informiert heute das Museum Haithabu über die damalige Anlage. Etwas weiter westlich befindet sich an der Waldemarsmauer das Danewerk-Museum, das in Kooperation mit der dänischen Regierung ein neues Museumsgebäude erhalten wird (Danewerkmuseum, Ochsenweg 5, 24867 Dannewerk, www.danevirkmuseum.de und Wikinger Museum Haithabu, Am Haddebyer Noor 3, 24866 Busdorf, www.haithabu.de).

↑ Auf einer alten Bahntrasse radelt man wieder nach Schleswig zurück.
↗ Sehr gemütlich zeigt sich die historische Fischersiedlung Holm.
→ Das Großsteingrab Missunde befindet sich am östlichen Ende der Tour.

Tipp

GUTEN APPETIT

Das passt definitiv, wenn man auf den Spuren der Wikinger unterwegs ist. Dass die Seeleute aus dem Norden zwar damals noch keine Pizza kannten, ist Nebensache, wenn man in Odins Historischem Gasthaus Haddeby eine der leckeren Wikingerpizzen bestellt. Die Pizzen auf der Speisekarte erinnern an nordische Namen wie Odin, Thor oder Freya. Und statt der klassischen Tomatensauce gibt es hier schlicht und einfach »rote Tunke«. Schmeckt aber mindestens genauso gut, woran das wohl liegt? Zum Gasthaus gehört außerdem noch ein Shop, in dem Met, Blutwurst oder Gallowayschinken erworben werden können. Sehr praktisch, das erspart einem das Brandschatzen und Rauben auf einer Wikinger-Fahrradtour.

an der nächsten Einmündung links fahren. Durch einen Wald hindurch geht es geradewegs zum sogenannten Großsteingrab Missunde. Dabei handelte es sich um eine ehemalige Grabanlage mit einem Durchmesser von bis zu 35 Metern und einem sieben Meter langen Tunnel, der in das Steingrab hineinführte. Informationstafeln veranschaulichen diese frühzeitliche Megalithanlage. Radeln Sie hier auf der Straße weiter bis zur Fähre, mit der Sie die Schlei überqueren. Gleich dahinter geht es neben der Missunder Fährstraße bis Kleinbrodersby, wo Sie links auf die Schleidörfer Straße einbiegen. Am ersten Bauernhof auf der linken Seite gibt es eine Milchtankstelle für den Fall, dass der Proviant während der Radtour ausgeht.

NÖRDLICH DER SCHLEI Aber weit ist es bis zum Ausgangspunkt der Radtour ohnehin nicht mehr. Radeln Sie einfach geradeaus durch das kleine Dorf Füsing hindurch und biegen Sie vor dem Ortsausgang links in die Straße Winningmay ab. An der ersten Möglichkeit nach rechts und schon radeln Sie wieder auf das Ufer der Schlei zu. Auch hier gibt es wieder jede Menge zu erleben. Eine kleine Badestelle vor einem, nach links ein kurzer Stichweg in das Naturschutzgebiet Reesholm/Schlei und nach rechts der Radweg über eine Brücke an einem schmalen Zufluss in die Schlei. Dahinter gelangt man wieder zur Schleidörfer Straße, an der man zunächst nach links abbiegt. Doch schon an der ersten Möglichkeit heißt es nach rechts, um anschließend wiederum nach links zu fahren, damit man die Landstraße unterquert. Dabei ist man auf einer alten Bahntrasse unterwegs, die einst Schleswig mit Kappeln verband und heute zu einem gemütlichen Radweg ausgebaut ist. Ein Verfahren ist hier unmöglich und so radelt man die letzten Kilometer entspannt auf der einstigen Bahntrasse direkt in das Stadtzentrum von Schleswig.

INFO

Leicht | 35 km | 204 Hm | 3.00 Std.

HIGHLIGHT
Sehenswürdigkeit

TOURENCHARAKTER
Rundtour auf asphaltierten Radwegen, Neben- und Wirtschaftsstraßen

AUSGANGS-/ENDPUNKT
St.-Petri-Dom in Schleswig

GPS
54.513135, 9.567844

ANFAHRT
Auto: Schleswig liegt nahe der A 7 und der B 76 und B 201.
Bahn: Mit Regionalbahnen ab Hamburg, Husum, Flensburg, Kiel und Rendsburg erreichbar

KOMBINIERBAR MIT
keiner anderen Tour

E-BIKE-LADESTATION
Parkplatz Nordlicht, Am Hafen 1, Schleswig

RADVERLEIH
Brodersbyer Fahrradverleih, Burgerweg 7, Brodersby
Radwelt Schlei, Teichstraße 2, Goltoft

RADKARTEN
ADFC-Regionalkarte 1:75 000, Schleswig/Flensburg

INFORMATION
www.ostseefjordschlei.de; www.haithabu.de

RUND UM DEN WITTENSEE

Leichtes Auf und Ab in den Hüttener Bergen

Vom Radweg am Nord-Ostsee-Kanal aus geht es nordwärts in die sehr sanfte Hügellandschaft der Hüttener Berge. Umrunden Sie dabei den Wittensee und entscheiden Sie unterwegs, ob Sie eine kurze Tour um das Gewässer machen oder lieber eine etwas längere Tour radeln und dabei noch eine Landkäserei besuchen.

18

Mit dieser Fähre könnte man am NOK das Ufer wechseln.

SEHESTEDT Den Nord-Ostsee-Kanal lassen Sie hinter sich, und zwar auf der Nordseite. Die Fähre von Sehestedt wird daher nicht genutzt und bleibt Teil der Radstrecke entlang des Kanals auf der Etappe zwischen Rendsburg und Kiel. Beim Imbiss schadet eine verspätete Abfahrt auf dieser Radtour natürlich nicht. Der Magen möchte ja auch verwöhnt werden. Aber dann geht es endlich los. Und zwar verlassen Sie Sehestedt auf der Hauptstraße, die zur Landstraße verläuft. Hier wenden Sie sich nach rechts und folgen der Landstraße gemütlich durch die sanft hügelige Landschaft. Etwa auf halber Strecke zwischen Sehestedt und dem Dorf Holtsee folgt links ein Abzweig nach Haby. Theoretisch kann man die Tour hier deutlich abkürzen und sich für eine kürzere Runde um den Wittensee entscheiden. Die Strecke würde dann durch Haby und gleich dahinter durch einen kleinen Wald bis an das Ostufer des Gewässers verlaufen. Dort radelt man dann mit wenigen Pedalumdrehungen bis Groß Wittensee.

Groß Wittensee erreicht man aber auch mit einem größeren Bogen durch die Landschaft der Hüttener Berge. Ein paar Kilometer mehr dürfen es ja ruhig sein, denn das leckere Essen vom Imbiss in Sehestedt muss wieder abtrainiert werden. Dafür radelt man am Abzweig vorbei und weiter an der Landstraße geradeaus bis zum Dorf Holtsee. Allerdings hat sich das Abtrainieren der Kalorien damit unter Umständen auch schon wieder erledigt, denn direkt am Ortseingang befindet sich der Betrieb der Landkäserei und gleich gegenüber kann man in der Holtseer Käsekiste seinen Proviant mit allerlei Käseköstlichkeiten auffüllen. Radeln Sie auf der Dorfstraße und dem Harzhofer Weg durch Holtsee und anschließend ein kurzes Stück durch einen Wald. Sie werden an mehreren Höfen vorbeifahren und im Weiler Lehmsiek die gleichnamige Gaststätte passieren.

AUF DEM WEG ZUM WITTENSEE Die Landstraße in Richtung Eckernförde verlassen Sie bei Lehmsiek gleich nach rechts über den Hexenberg. Am Ende schlagen Sie den Lenker nach rechts ein und durchqueren Goosefeld vor den Toren der Stadt Eckernförde. An der Einmündung zur Bundes-

Tipp

SCHLESWIG-HOLSTEIN-ERFAHRUNG

Im Süden des Naturparkes Hüttener Berge erstreckt sich der bis zu 20 Meter tiefe Wittensee. Mit einer Größe von 5 x 2 Kilometern ist er beinahe rechteckig. Er entstand durch Ausläufer eines größeren Gletschers, der hier in der Eiszeit die Landschaft formte. Gleiches gilt auch für die Hüttener Berge, die bis zu 105 Meter aufragen und Teil des sogenannten Schleswig-Holsteinischen Hügellandes sind. Durch die ständige Bewegung der Gletscher in der letzten Eiszeit wurde das unter dem Eis liegende Gelände zum Teil gestaucht, woraufhin es zu den Erhebungen gekommen ist. Diese werden als Endmoräne bezeichnet. Die Landschaft der Hüttener Berge wurde 1970 zu einem Naturpark ernannt, der neben dem Wittensee noch weitere Gewässer umfasst, so zum Beispiel den weiter westlich gelegenen und deutlich kleineren Bistensee. Gemeinsam bilden sie das Herzstück des Naturparkes, der im Süden bis an den Nord-Ostsee-Kanal heranreicht. Auf mehreren Rad- und Wanderwegen hat man wunderbare Möglichkeiten, den Naturpark mit seinen einzelnen Elementen wie zum Beispiel auch den Rammsee oder auch den Brekendorfer Wald näher kennenzulernen. Weitere detaillierte Auskünfte erteilt auch gerne der Verein Naturpark Hüttener Berge (www.naturpark-huettenerberge.de).

↑ Die Windmühle Auguste erhebt sich unweit des Wittensees.
↗ Modell der Sonne im Sonnenenergiepark

straße verlocken die Fischbrötchen vom Imbiss Peters Fischbrötchen zu einer weiteren Pause. Vielleicht wäre es doch besser gewesen, die kürzere Variante zu radeln, um Kalorien zu verlieren. Überqueren Sie die Bundesstraße halb links und radeln Sie auf den kleinen Straßen Ravenshorst, Pletterberg und Langhorst durch die gemütlich wirkende Landschaft, bis Sie später wieder auf die Bundesstraße treffen.

Gleich auf der anderen Straßenseite haben Sie Groß Wittensee erreicht. Der Umweg ist damit also beendet und hier wären Sie auch über Haby herausgekommen. Mit Fischbrötchen und Backwaren werden Sie hier aber auch versorgt. Außerdem präsentiert sich im Ort eine sehenswerte Holländer-Windmühle, die im Jahr 1874 fertiggestellt wurde. Nach einer umfangreichen Sanierung zur Jahrtausendwende ist sie seither wieder mahlfähig. Den Ort verlassen Sie auf der Rendsburger Straße und bleiben dabei in der Nähe des Ufers vom Wittensee. Durch den dichten Bewuchs und einige Wohnhäuser ist

Tipp

GUTEN APPETIT

Der Imbiss Sehestedt ist DER Treffpunkt am Nord-Ostsee-Kanal und bietet sich als ideale Einkehrmöglichkeit an. Das liegt nicht nur daran, dass es entlang der Strecke kaum Speisemöglichkeiten gibt. Denn hier geht es leger zu. Es wird Wert darauf gelegt, die Bestellung frisch zuzubereiten. Daher bekommt man einen Benachrichtigungssender, der laut auftönt, wenn das Essen fertig und abholbereit ist. In der Zwischenzeit genießt man die Aussicht auf den Kanal und schaut zu, wie die Schiffe von der Nord- zur Ostsee fahren oder umgekehrt.

das Wasser am Nordufer jedoch nicht immer zu sehen. Das ändert sich mit dem Erreichen des West- und des Südufers. In Bünsdorf halten Sie sich vor der kleinen St.-Katharinen-Kirche nach links und erreichen hinter einer Ferienhaussiedlung einen Bauernhof.

NORD-OSTSEE-KANAL Hinter dem Bauernhof verlassen Sie den See, den Sie bis hierhin zur Hälfte umrundet haben. Die Radtour verläuft nun zwischen einigen Feldern hindurch bis zu einer Landstraße. Auf der anderen Seite der Landstraße hat sich auf dem Windmühlenberg ein Unternehmen angesiedelt, das Windparks projektiert. Gleichzeitig ist dort ein kleiner Solarpark mit einer Aussichtsplattform angelegt worden, an dem man sich über die Nutzung der Sonnenenergie informieren kann. Zum Abschluss der Tour genießen Sie eine kurze Fahrt auf dem Radweg am Nord-Ostsee-Kanal. Wenden Sie sich nach links und schon haben Sie nach eineinhalb Kilometern den Ausgangspunkt an der Fähre Sehestedt erreicht.

INFO

HIGHLIGHT
Naturparadies

TOURENCHARAKTER
Rundtour auf asphaltierten Radwegen, Neben- und Wirtschaftsstraßen

AUSGANGS-/ENDPUNKT
Fähranleger am Nord-Ostsee-Kanal in Sehestedt

GPS
54.364623, 9.818775

ANFAHRT
Auto: Sehestedt liegt östlich der A 7, Ausfahrt Rendsburg und nördlich der A 210, Ausfahrt Bredenbek.
Bus: Anfahrt ab Rendsburg

KOMBINIERBAR MIT
Tour 19

E-BIKE-LADESTATION
Imbiss Sehestedt, Dr. Böhme-Weg 1

RADVERLEIH
leider keiner in der Region

RADKARTEN
ADFC-Regionalkarte 1:75 000, Kieler Förde/Fehmarn/Holsteinische Schweiz

INFORMATION
www.sehestedt.de

Leicht | 30 km | 160 Hm | 2.30 Std.

Am Nord-Ostsee-Kanal liefert man sich ein Rennen mit den dicken Pötten.

19

TOUR AM NORD-OSTSEE-KANAL

Radelgenuss beim Shipspotting

Gleich zwei Städte auf einmal erlebt man auf dieser Streckentour zwischen Rendsburg und der Landeshauptstadt Kiel. Dazwischen genießt man die Radtour entlang des Nord-Ostsee-Kanals, eine kleine Fährüberfahrt und den ständigen Blick auf die großen Pötte, die durch den Kanal manövriert werden.

RENDSBURGER INNENSTADT Genießen Sie den Rundgang durch die Innenstadt von Rendsburg, die sich in geraden Straßenzügen vom Paradeplatz ausbreitet. Wer will, hat außerdem noch die Gelegenheit, in südliche Richtung direkt zum Nord-Ostsee-Kanal zu gelangen und dort die Schiffsbegrüßungsanlage und die Hochbrücke zu besuchen. Doch die Radtour verläuft nordwärts aus dem Zentrum heraus. Verlassen Sie also den Paradeplatz über den Jungfernstieg und biegen Sie gleich rechts in die Materialhofstraße ab. An der ersten Möglichkeit geht es links in die Herrenstraße und Sie halten sich halb links, um unter der Brücke nach rechts abzubiegen. Direkt an der ersten Möglichkeit biegen Sie links zu den Sportplätzen und zur Marina ab. Vor der Marina lenken Sie nach links, denn nun heißt es zunächst, die hier breite Eder mit dem Jachthafen zu umrunden. Weiter östlich mündet der Fluss in den Nord-Ostsee-Kanal und daher müssen wir vorher an das nördliche Ufer. Nach links wäre die letzte Gelegenheit, in die Altstadt und zum Schlossplatz zu gelangen. Ansonsten fahren Sie hinter dem Gewässer rechts und an dem Fast-Food-Laden vorbei auf die B 203. Dieser folgen Sie gut einen Kilometer, um vor einer Tankstelle nach rechts in die Straße Am Friedrichsbrunnen einzubiegen. An der zweiten Gelegenheit nach links und bis zur Straße Am Hang gegenüber des Friedhofes. In diese Straße fahren Sie hinein und biegen in einem kleinen Wäldchen nach links ab.

Tipp

SCHLESWIG-HOLSTEIN-ERFAHRUNG

Fast 100 Kilometer misst der Nord-Ostsee-Kanal und ist eine enorme Abkürzung für den Seeverkehr. Er verbindet die Kieler Förde als Teil der Ostsee mit der Elbmündung bei Brunsbüttel, sodass ein langer Umweg um weite Teile Dänemarks herum entfallen kann und selbst der Hamburger Hafen deutlich besser an die Ostsee angebunden ist. Rund 30 000 Schiffe passieren den Kanal jährlich und unterqueren dabei zehn Brücken. Alle Brücken haben eine Durchfahrtshöhe von 42 Metern, weil so die Schiffe der Deutschlandklasse der kaiserlichen Marine noch hindurchgepasst haben. Erbaut wurde der NOK, so die gerne genutzte Abkürzung, Ende des 19. Jahrhunderts. Zu den bekanntesten Brücken zählt die Hochbrücke bei Rendsburg, die 1913 fertiggestellt und für den Eisenbahnverkehr eröffnet wurde. An der Unterseite der Brücke ist eine Schwebefähre angebracht, mit der man als Radfahrer gemütlich die Uferseiten des Kanals wechseln kann. In unmittelbarer Nähe befinden sich zudem die Schiffsbegrüßungsanlage, die jedes einzelne Schiff ankündigt und beschreibt, sowie der Fußgängertunnel, mit dem man den Kanal unterqueren kann.

AM KANAL ENTLANG In dem Wäldchen gelangen Sie bis zum Ufer der Eider, wenden sich nach links und radeln ein kurzes Stück, bis Sie vor sich die Frachtschiffe und eventuell Kreuzfahrtschiffe quer fahren sehen. Hier mündet die Eider in den Nord-Ostsee-Kanal und Sie halten sich links, um dem Kanal am Ufer entlang zu folgen. Durch den schmalen Grünstreifen am Flussufer geht es an mehreren Picknickplätzen vorbei, die zur Schiffsbeobachtung einladen. Doch wenig später wird man wieder ein wenig vom Kanal weggeleitet. Denn bei Borgstedt radeln Sie wieder am Ufer der Eider. Der Kanal verschwindet für kurze Zeit auf der rechten Seite hinter einer Insel. Doch die Radtour auf dem Treidelweg ist nicht minder schön. Dabei unterqueren Sie die Hochbrücke der A 7 und genießen die Fahrt entlang der sogenannten Borgsteder Enge. Ein ungewöhnliches Baukonstrukt

In Rendsburg flaniert man vor der Tour noch durch die Innenstadt.

steht für kurze Zeit im Weg, die sogenannte Wehrtechnische Dienststelle für Schiffe und Marinewaffen. Was wie ein Hafenbecken aussieht, ist ein Erdmagnetfeldsimulator und dient dazu, die magnetische Signatur von U-Booten oder anderen Marinefahrzeugen zu vermessen. Da es sich um militärisches Sperrgebiet handelt, ist für Radler ein kleinerer Umweg bis zur Landstraße notwendig, an der

Tipp

GUTEN APPETIT

Mit der nördlichsten Fischbude Deutschlands beginnt die Geschichte des Unternehmens Gosch. Der aus Tönning stammende Gründer Jürgen Gosch kam 1966 nach Sylt und eröffnete besagte nördlichste Fischbude in List. Es folgten weitere Niederlassungen auf der Insel und später auch zahlreiche Filialen auf dem Festland und auf anderen norddeutschen Inseln. Selbst auf einigen Kreuzfahrtschiffen der bekannten Mein-Schiff-Flotte ist Gosch anzutreffen und das trifft auch auf die Hafeneinfahrt in Kiel zu. Fans der heutigen Franchisekette werden auch hier im Innen- und Außenbereich mit Blick auf die vorbeiziehenden Schiffe gut speisen können.

Sie nach rechts abbiegen. Gleich danach geht es an der Straße entlang, bis Sie Sehestedt erreichen. Mit der Fähre geht es nun hinüber auf die südliche Seite des Nord-Ostsee-Kanals, wo Sie nach Verlassen der Fähre direkt links abbiegen. Gemütliche fünf Kilometer fahren Sie am Ufer entlang. Erst bei Klein Königsförde zweigt der NOK-Radweg nach rechts ab und verlässt das Gewässer.

RUND UM DEN FLEMHUDER SEE Für ein kurzes Stück radeln Sie sogar wieder in die entgegengesetzte Richtung und umrunden dabei den alten Eiderkanal. Auf der Straße Königsfurt geht es nach links bis zur Dorfstraße, an der Sie abermals nach links abbiegen und wenig später Krummwisch durchqueren. Das folgende Dorf Groß-Nordsee hat seinen Namen vom einstigen Gut Nordsee, das wiederum nach dem See Nordsee bezeichnet wurde. Der See ist heute kein geschlossener See mehr, sondern ist mittlerweile zu einem Teil des Nord-Ostsee-Kanals geworden. Heute heißt er Flemhuder See und ist ein Landschaftsschutzgebiet, das daher weitläufig umradelt wird.

Der Ausschilderung des Nord-Ostsee-Kanals folgen Sie über die A 210 hinweg bis zur Ortschaft Achterwehr und kurz darauf unter der Autobahn hindurch wieder in nördliche Richtung, bis Sie an einer weiteren Fähre bei Landwehr wieder auf den Kanal stoßen. An diesem entlang wird wenig später Suchsdorf passiert. Dabei unterquert man in kurzen Abständen die Levensauer Hochbrücken. Die erste wurde mit ihrem Rundbogen im Jahr 1894 fertiggestellt und rund 90 Jahre später mit einer zweiten, größeren Brücke gleich daneben ergänzt. Aktuell wird die ältere der beiden Brückenbauwerke durch einen Neubau ersetzt. Die Fertigstellung der neuen Brücke ist bis zum Jahr 2024 geplant. Bis dahin kann es baustellenbedingt kleinere Umwege geben.

INFO

Mittel | 56 km | 270 Hm | 4.30 Std.

HIGHLIGHT
Sehenswürdigkeit

TOURENCHARAKTER
Streckentour auf Schotterstrecke neben dem Kanal

AUSGANGSPUNKT
Paradeplatz, Rendsburg

ENDPUNKT
Kiel Hauptbahnhof

GPS
von 54.299942, 9.664961
bis 54.315705, 10.133090

ANFAHRT
Auto: Rendsburg liegt nahe der A 7, A 210, B 202 und B 203. Kiel liegt an der A 210 und A 215.
Bahn: Rendsburg ist mit ICs und Regionalzügen ab Kiel Hbf zu erreichen. Kiel Hbf wird vom ICE angefahren und ist Ausgangspunkt für zahlreiche Regionalzüge.

KOMBINIERBAR MIT
Touren 12, 18 und 20

E-BIKE-LADESTATION
Rendsburg/Osterrönfeld: Edeka, Kieler Straße 98a;
Sehestedt: Imbiss, Dr. Böhme-Weg 1;
Kiel: Prinz-Heinrich-Straße 20

RADVERLEIH
Rendsburg: Fahrradstation/Brücke Rendsburg-Eckernförde e.V., Am Bahnhof 20

RADKARTEN
Radroute Nord-Ostsee-Kanal, 1:50 000, BVA Verlag Bike Media

INFORMATION
www.tinok.de;
www.kiel-marketing.de

STADTZENTRUM KIEL Hinter den beiden Brücken nähern Sie sich der Landeshauptstadt Kiel. Der Radweg macht einigen Werften und Industrieansiedlungen Platz, unterquert die Holtenauer Hochbrücke und zweigt wenig später rechts in die Schleusenstraße ein.

Wer sehen möchte, wie der Nord-Ostsee-Kanal in den Kieler Hafen mündet und damit sein Ende findet, sollte aber vorher geradeaus bis zur Schleuse weiterradeln. Auf der Schleusenstraße fahren Sie bis zur Prinz-Heinrich-Straße, an der Sie nach links abbiegen. An der Kreuzung mit der Straße Kiellinie geht es erneut nach links und Sie passieren wenig später die Tirpitzmole. Mit etwas Glück erhaschen Sie jetzt einen Blick auf das Segelschulschiff Gorch Fock, das hier seinen Heimatliegeplatz besitzt. Entlang der Kiellinie radeln Sie mit Blick auf die Hafenbecken und Fährschiffe stets geradeaus bis zum Hafen.

RUND UM DEN WESTENSEE BEI KIEL

Malerische Seenromantik auf schmalen Pfaden erleben

Lust auf einen Abstecher von der Großstadt raus in die Natur? Von Kiel zum Westensee kann es kaum gegensätzlicher sein. Vom Kieler Hafen ist es gerade einmal eine halbe Stunde auf dem Fahrradsattel, bis man die westlich gelegene Seenplatte erreicht hat, die sich mit malerischen Badestellen, schmalen Pfaden und purem Naturgenuss präsentiert.

20

Sogar im Landesinneren gibt es kleine Sandstrände.

↑ Da bietet sich die Einkehr am Westensee doch geradezu an.
↗ Unterwegs überquert man die noch sehr junge Eider.

KIEL Auf dieser Rundtour heißt es zunächst, die Landeshauptstadt Kiel zu verlassen, was angesichts der Größe der Stadt verhältnismäßig einfach funktioniert. Am Kieler Hauptbahnhof folgen Sie der Straße Sophienblatt in südliche Richtung. Auf der Hamburger Chaussee erreichen Sie einen großen Kreisverkehr, an dem Sie die B 76 überqueren und halb rechts weiter in die Rendsburger Landstraße fahren. Der Radweg entlang der Straße vereinfacht das Radeln, obwohl man noch im innerstädtischen Bereich unterwegs ist. Doch mit jeder Pedalumdrehung nähern Sie sich dem Ortsausgang und auf dem Weg dorthin lassen Sie das trubelige Zentrum hinter sich. Im weiteren Verlauf führt die Rendsburger Straße durch Wohnviertel mit einigen wenigen Geschäften und nach der Überquerung der A 215 wird es spürbar ruhiger. Von da an breiten sich links und rechts der Rendsburger Straße weite Felder aus. Hin und wieder passiert man einen Hof.

AHRENSEE Rund zehn Kilometer nach Start der Tour bzw. vier Kilometer hinter der Autobahn und, um noch genauer zu sein, einen Kilometer hinter dem Dorf Schönwohld verlassen Sie die Landstraße nach links und biegen vor einem kleinen Wäldchen ab. Damit beginnt die eigentliche Umrundung von Westensee und Ahrensee, die direkt mit einer Fahrt auf einem Feldweg startet. Doch das erste Gewässer, das Sie sehen werden, ist ein kleiner Teich auf der rechten Seite, der

Tipp

GUTEN APPETIT

Ungefähr auf der Hälfte der Strecke wartet das Gasthaus Westensee mit sehr schöner Lage am Ufer des gleichnamigen Gewässers. Gutbürgerliche Küche, maritime Speisen und auch vegetarische Gerichte werden angeboten, die man auf der Außenterrasse gut genießen kann. Alternativ hierzu befindet sich etwas weiter im Dorfkern und damit nicht direkt am Wasser noch das Café Zeit. Zeit sollte man hier nur deshalb mitbringen, weil die Auswahl an Torten so groß ist und man sich zwischen Marzipan, Obstkuchen, Schoko-Sahne und vielen anderen entscheiden muss. Oder man gönnt sich noch ein zweites Stück, aber dafür braucht man eben auch Zeit.

zum Gut Marutenhof gehört. Den Hof lassen Sie hinter sich und fahren auf einem schmalen Pfad durch die Eiderwiesen, die hier die noch junge Eider flankieren. Auf einer kurzen Brücke lässt sich der junge Fluss überqueren, der gerade einmal fünf bis sechs Meter breit ist und kaum vermuten lässt, welche Größe er am Eidersperrwerk besitzt. Nach Überquerung der Eider radeln Sie entspannt durch die Natur bis zum Ort Hohenhude.

Diesen durchqueren Sie nach rechts und gelangen schließlich zu einer schönen Bucht des Westensees. Rechter Hand verlockt eine Badestelle mindestens zu einer kleinen Rast. Die Badestelle bietet mit ihrem Holzsteg und dem spiegelglatten See zudem ein malerisches Bild. Naturgenuss pur, bei dem man eigentlich gar nicht weiterfahren möchte. Doch auch die Radtour bietet noch jede Menge Naturgenuss. Denn es geht gleich im

INFO

Mittel | **43 km** | **377 Hm** | **3.30 Std.**

HIGHLIGHT
Naturparadies

TOURENCHARAKTER
Rundtour auf asphaltierten Radwegen, Neben- und Wirtschaftsstraßen. Der überwiegende Teil in Seenähe verläuft auf schmalen Pfaden, nach Regenfällen matschig.

AUSGANGS-/ENDPUNKT
Bahnhofsplatz am Hbf Kiel

GPS
54.315467, 10.133300

ANFAHRT
Auto: Über die A 210 oder A 215
Bahn: Mit dem ICE und zahlreichen Regionalbahnen

KOMBINIERBAR MIT
Touren 12 und 19

E-BIKE-LADESTATION
Bauhaus, Gutenbergstraße 79, Kiel

RADVERLEIH
Nextbike mit Stationen an der Holstenstraße 55, am Vinetaplatz 2 und an der Schwentinestraße; Fahrradverleih, Hamburger Chaussee 26

RADKARTEN
ADFC-Regionalkarte 1:75 000, Kieler Förde/Fehmarn/Holsteinische Schweiz
ADFC-Regionalkarte 1:75 000, Hamburg-Kiel-Neumünster

INFORMATION
www.kiel-marketing.de; www.tourismus-naturpark-westensee.de

Anschluss in einen Wald hinein, der sich auf einem schmalen Landstreifen zwischen Westensee und Kleinem Schierensee erhebt.

WESTENSEE Beim Verlassen des Waldes streifen Sie einen Naturcampingplatz und radeln in den kleinen Ort Wrohe hinein. Halten Sie sich hier rechts und fahren Sie nicht zur Landstraße, dann werden Sie auf einen weiteren gemütlichen Rastplatz treffen, der die Radtour mit einer schönen Aussicht auf den Westensee unterstreicht. Über den Steindamm verläuft die Seeumrundung weiter in Richtung des Dorfes namens Westensee. Der Weg verläuft dabei mal zwischen Feldern und mal sehr nah am Wasser. Vor der aus dem 13. Jahrhundert stammenden Kirche biegen Sie rechts ab. Hier hat man nicht nur die Möglichkeit zur Einkehr, sondern auch abermals einen tollen Blick über das Wasser.

Durch den Wald und wenig später parallel zu einer Landstraße verläuft der Radweg am Westufer des Westensees und im weiteren Verlauf am Ufer des Bossees, einem kleineren Gewässer, das mit dem Westensee über einen Zulauf verbunden ist. An seiner nördlichen Spitze verlockt auch der Bossee mit einer kleinen Badestelle zu einer gemütlichen Pause. Auf der schmalen Straße östlich des Bossees radeln Sie in Richtung Felde, biegen aber nach kurzer Zeit rechts ab, um wieder an das Ufer des Westensees zu gelangen und die Ortschaft Felde dabei weitläufig zu umrunden. Auf schmalen Pfaden gelangen Sie nach Brandsbek, fahren dort zum Bahnhof und wenden sich vor den Gleisen nach rechts. Wenig später überqueren Sie erneut die Eider, radeln durch ein Wäldchen und fahren auf einem Pfad zwischen Westensee und Ahrensee halb links am Ufer des Ahrensees entlang. Sie treffen auf eine T-Kreuzung, die Sie bereits kennen. An dieser Stelle sind Sie rechts zum Gut Marutendorf gelangt und

Am Ende kommt man wieder an der Kieler Bucht heraus.

haben daher die Rundfahrt um den Westensee beendet. Wenden Sie sich nach links zur Straße und radeln Sie auf der Rendsburger Straße nach rechts zurück in Richtung Kiel.

Tipp

SCHLESWIG-HOLSTEIN-ERFAHRUNG

Die größte Stadt Schleswig-Holsteins befindet sich an der Ostsee und wurde im 13. Jahrhundert gegründet. Heute ist sie zugleich die Hauptstadt des Bundeslandes. Für die meisten Reisenden ist Kiel eher ein Zwischenstopp. Vom Hauptbahnhof aus quert man nur eine Straße und steht direkt am Hafen. Von hier starten die Fähren gen Skandinavien und ins Baltikum. Zugleich wurde Kiel in den letzten Jahren auch immer wichtiger für die Kreuzfahrtbranche. Große Bedeutung hat Kiel natürlich als Austragungsort der Kieler Woche, eine der größten Segelsportveranstaltungen der Welt. Bei der jährlich Ende Juni stattfindenden Segelregatta kommen Tausende Segelschiffe zusammen, wobei die große Windjammerparade mit den Großseglern die meiste Aufmerksamkeit auf sich zieht. Gleichzeitig finden an Land passend dazu zahlreiche Bühnenveranstaltungen statt.

Zentraler geht es in Schleswig-Holstein nun wirklich nicht.

21

RADTOUR ZUM GEOGRAFISCHEN MITTELPUNKT

Rundtour in der Seenlandschaft von Nortorf

Wer Schleswig-Holstein mit dem Fahrrad erkundet, sollte nicht nur die beiden Meeresküsten genießen, sondern auch in das Landesinnere fahren, genauer gesagt mitten ins Zentrum. Der geografische Mittelpunkt des Bundeslandes liegt bei Nortorf und ist nicht nur gut mit dem Rad zu erreichen, sondern auch ein schöner Rastplatz.

NORTORF Radeln Sie auf der Bahnhofstraße zunächst zur Kirche in Nortorf. Von dort aus geht es über die Kieler Straße ostwärts aus dem Ort hinaus. Schon nach kurzer Fahrt lassen Sie die Häuser von Nortorf hinter sich und erreichen entlang der Landstraße Borgdorf. An der ersten Möglichkeit lenken Sie das Fahrrad nach rechts in den Seedorfer Weg und berühren kurz das südliche Seeufer des Borgdorfer Sees. Sie radeln durch den kleinen Ort Seedorf hindurch und gelangen zu einer Landstraße, an der Sie sich nach rechts wenden. Das Dorf Dätgen wird auf der Hauptstraße geradewegs durchquert, damit Sie im Anschluss gleich zwei Autobahnen hintereinander überqueren können. Nach der A 7 folgt die A 215, die Sie sogar zweimal überqueren. Für das zweite Mal biegen Sie nach der ersten Überquerung links in einen Wald ein und fahren gemütlich durch den Forst bis zu einer schmalen Brücke.

SEENLANDSCHAFT Dahinter ist dann vorläufig genug mit den Autobahnen. An der Weggabelung hinter der Autobahnüberführung halten Sie sich rechts und radeln erneut in einen Wald hinein. Hier sind Sie nun deutlich länger in dem Schatten spendenden Forst unterwegs und überqueren auf Ihrem Weg nach Norden nur einmal eine kleine Landstraße. Sobald sie den Wald verlassen, stehen Sie vor dem Ort Blumenthal. Überqueren Sie auf der Brücke die Landstraße und fahren Sie geradeaus bis zur Dorfstraße, um im Ort nach links abzubiegen. Am Ortsausgang radeln Sie knapp zwei Kilometer neben der Landstraße, die Sie vor Blumenthal überquert hatten. Die Straße und der begleitende Radweg beschreiben eine weite Linkskurve und Sie sehen auf der rechten Seite einen ersten kleinen See, hinter dem Sie rechts abbiegen.

Zwischen den Feldern biegen Sie an der ersten Gelegenheit nach links ab und fahren hinter dem ersten Bauernhof rechts auf die Straße Ziegelei. Sie passieren mehrere Höfe und gelangen zum Pohlsee. Genauer gesagt haben Sie den Pohlsee zu Ihrer Linken, wäh-

Tipp

SCHLESWIG-HOLSTEIN-ERFAHRUNG

Den geografischen Mittelpunkt einer Region oder eines Landes zu bestimmen ist nicht immer einfach. Es fängt schon bei der Frage an, ob für die Berechnung nur die Landfläche oder auch vorgelagerte Inseln herangezogen werden. Und wenn man die Inseln mit einbezieht, welche Seemeilengrenze will man berücksichtigen? Ist die Fläche zur Bemessung gewählt, ergibt sich die Frage, wie man den Mittelpunkt misst. Man könnte von den vier Extrempunkten einer Region zwei Linien ziehen und den Schnittpunkt als Mittelpunkt bezeichnen. Oftmals wird ein Mittelpunkt durch eine Schablone mit dem Umriss der entsprechenden Region ausbalanciert. Das kommt der Sache schon recht nah, ist aber natürlich ziemlich ungenau. Mancherorts hat man sogar den Schwerpunktmittelpunkt berechnet, der im Falle von Deutschland deutlich weiter südlich liegen würde, da das Land nach Süden aufgrund der aufragenden Gebirge immer schwerer würde. Kein Wunder also bei der Vielfalt an Berechnungsmöglichkeiten, dass die Bundesrepublik übrigens mindestens drei geografische Mittelpunkte markiert hat. Der geografische Mittelpunkt von Schleswig-Holstein wurde im Jahr 2001 mit einem Mühlstein markiert und zuvor durch das Landesvermessungsamt errechnet. Auf zwei kleinen Stelen neben dem Mühlstein sind außerdem die Wappen von Schleswig-Holstein und von der Gemeinde Nortorf angebracht.

↑ Ja, auch im hohen Norden geht es mal Auf und Ab.
↗ Die Arche Warder beherbergt geschützte Nutztiere.
→ Einen Zwischenstopp an der Arche Warder sollte man einplanen.

rend sich auf der rechten Seite deutlich überschaubarer der Kleine Pohlsee befindet. Im Weiler Enkendorf radeln Sie weiter geradeaus und parallel zum Pohlsee, leider jedoch mit etwas Abstand und nicht direkt am Ufer entlang. Kurz vor dem nächsten Gewässer, dem Brahmsee, treffen Sie auf den Haus- und Nutztierpark Arche Warder. Dieser Tierpark zeigt mal andere Tiere als gewöhnliche Anlagen. Denn hier sind selten und geschützte Nutztiere gezeigt. Dazu zählen zum Beispiel Esel, Gänse, Schafe, Ziegen, Pferde und einige Kleintiere. Beim Tierpark steht vor allen Dingen auch die Nachhaltigkeit im Vordergrund, was sich auch an den Produkten im Hofladen zeigt, in dem man sicherlich seine Fahrradpacktasche ein wenig auffüllt.

GEOGRAFISCHER MITTELPUNKT Nach dem Besuch im Tierpark radeln Sie geradeaus weiter in Richtung Warder und Wardersee, der übrigens mit dem Brahmsee verbunden ist. An der Dorfstraße in Warder halten Sie sich links und unterqueren wenig später wieder die A 7. Gleich dahinter stehen Sie im kleinen Alt-Mühlendorf und überqueren dort die Hauptstraße. Halblinks geht die Fahrt weiter durch den Ellerdorfer Weg in einen Wald hinein.

Rund einen Kilometer nachdem Sie den Wald verlassen haben, sehen Sie auf der rechten Seite die Ortschaft Ellerdorf, zu der Sie rechts abbiegen. Auf der Nortorfer Straße radeln Sie im Ort nach links und sind eigentlich schon wieder auf dem Weg zum Ausgangspunkt. Doch wenn Sie nach kurzer Zeit parallel zu Eisenbahngleisen radeln, überqueren Sie diese an der ersten Möglichkeit. Auf dem Tunnelweg und über die Alte Dorfstraße gelangen Sie zur Rendsburger Straße. Von hier aus ist es ein knapp eineinhalb

Kilometer langer Abstecher nach rechts, wo Sie zum geografischen Mittelpunkt des Bundeslandes Schleswig-Holstein gelangen.

Nach dem Besuch und einer letzten Rast am geografischen Zentrum begeben Sie sich wieder zur Rendsburger Straße und fahren das kurze Stück zurück, auf dem Sie zum Mittelpunkt gekommen sind. Sie radeln automatisch und schnurgerade nach Nortorf hinein, überqueren erneut die Bahngleise und befinden sich wenige Pedalumdrehungen später wieder an der Kirche am Markt, wo Sie rechts über die Bahnhofstraße zum Ausgangspunkt gelangen.

Tipp

GUTEN APPETIT

In der Farmküche, direkt am Tierparkgelände gelegen, legt man Wert auf heimische Produkte und auf eine große Auswahl an hausgemachten Gerichten und frisch gebackenem Kuchen. Und bei der Arche Warder ist natürlich klar, dass auch ökologische und vegetarische Speisen auf der Menükarte stehen. Dazu passend gibt es nebenan im Hofladen auch einige kulinarische Feinheiten wie Marmelade und Paprika zum Befüllen der Fahrradpacktasche.

INFO

HIGHLIGHT
Sehenswürdigkeit

TOURENCHARAKTER
Rundtour auf asphaltierten Radwegen, Neben- und Wirtschaftsstraßen

AUSGANGS-/ENDPUNKT
Bahnhofstraße, Bahnhof Nortorf

GPS
54.166912, 9.853183

ANFAHRT
Auto: Die A 7, Ausfahrt Warder, ist nur sechs Kilometer entfernt.
Bahn: Regionalzüge zwischen Neumünster und Flensburg

KOMBINIERBAR MIT
keiner anderen Tour

E-BIKE-LADESTATION
leider keine

RADVERLEIH
Allrid-e, Elektro Tiegs, Jungfernstieg 7–9, Nortorf

RADKARTEN
ADFC-Regionalkarte 1:75 000, Kieler Förde/Fehmarn/Holsteinische Schweiz
ADFC-Regionalkarte 1:75 000, Hamburg-Kiel-Neumünster

Mittel | 38 km | 163 Hm | 3.00 Std.

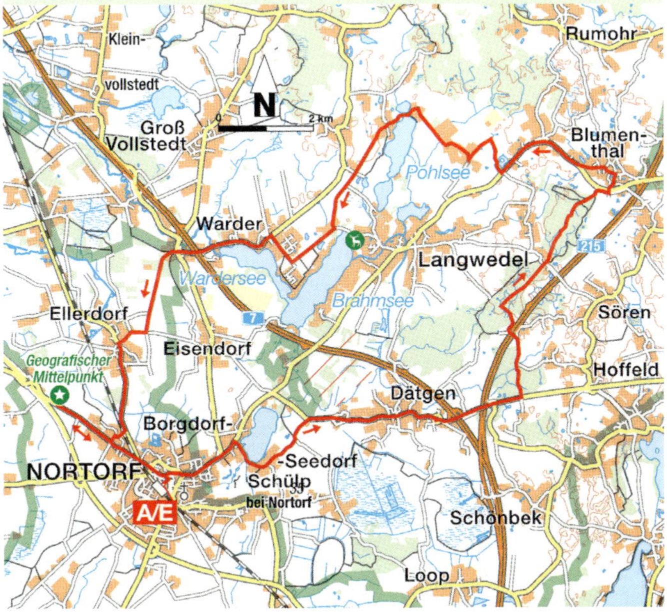

INFORMATION
www.amt-nortorfer-land.de

DIE SEENPLATTE DER SCHWENTINE

Auf Schlössertour von Eutin nach Plön

Mehr Wasser kann man auf einer Radtour kaum haben, außer man fährt direkt an der Küste entlang. Aber das kann in Schleswig-Holstein ja jeder. Wie eine Seenplatte erstrecken sich zwischen Eutin und Plön zahlreiche Gewässer, die außerdem teilweise mit dem Fluss Schwentine verbunden sind. Darüber hinaus präsentieren sich beide Städte auch noch mit je einem sehenswerten Schloss. Wie praktisch also, dass man die Besuche der beiden stolzen Bauwerke mit dem Rad kombinieren kann.

22

Die Schwentine verbindet hier zwei der vielen Seen.

Am Eutiner Schloss startet diese Schösser- und Seentour.

ZENTRUM VON EUTIN Am Eutiner Schloss beginnen Sie Ihre Radtour, indem Sie das stolze Schlossgebäude hinter sich lassen und auf dem Schlossplatz bis zur Königstraße fahren. Dort biegen Sie links ab und haben die Gelegenheit, sich in der Fußgängerzone des kleinen Zentrums in einer der örtlichen Einkehrmöglichkeiten zu stärken.

An der Südseite des Platzes geht es anschließend nach links zur Lübecker Straße und mit einer kurzen Links-rechts-Fahrt durch den Doktor-Evers-Gang bis zum Schlosspark. Dieser wird durchquert, bis Sie unterhalb des Wohnmobilstellplatzes den Uferweg am Großen Eutiner See erreicht haben. Am Ufer verläuft die Radtour nun einige Zeit mit Genuss, bis der Weg an einer T-Kreuzung endet. Auf dem Weg An der Schäferei wenden Sie sich nach rechts und tauchen hinter dem zweiten Haus links in den Wald hinein. Im Schatten der Bäume geht es über die Panzerstraße hinweg zu einer weiteren T-Kreuzung, an der Sie links abbiegen.

Erneut passiert man die Panzerstraße und schon kurz darauf lichtet sich der Wald. Das ist gleichzeitig ein Zeichen, dem nach rechts abzweigenden Weg zu folgen, um in das kleine Örtchen Sibbersdorf zu gelangen. Auf der Hauptstraße durchqueren Sie den Ort und sind schon bald am nächsten Gewässer, dem Sibbersdorfer See mit seiner Möveninsel, angekommen.

SEENLANDSCHAFT ZWISCHEN EUTIN UND PLÖN Das Landschaftsbild bietet viel Abwechslung. Wasser zur Linken, Wald zur Rechten und zwischendurch immer mal wieder ein Feld. Abwechslung erhält man aber auch durch die vielen kleinen Ortschaften, die durchquert werden. In Fissau folgen Sie

↑ Beeindruckend zeigt sich auch die Eutiner Michaeliskirche in Schlossnähe.
↗ Hinsetzen und einfach mal die Beine baumeln lassen. → Auch hier bietet sich eine Pause an.
↘ Auch Malente hat Seenvielfalt zu bieten.

zum Beispiel der Dorfstraße nach rechts, um wenig später halb links in die Straße Mörken einzubiegen. Sie mündet in die Sielbecker Landstraße, an der die Radtour nach rechts verläuft. An den letzten der Wohnhäuser verlassen Sie diese jedoch und radeln halb links auf dem Kalkhüttenweg zum dritten See auf dieser Tour. Wenn Sie das Ufer des Kellersees erreicht haben, befinden Sie sich zunächst nur an einem kleinen Seitenarm bzw. Ausläufer des Sees. Einen Eindruck vom gesamten Ausmaß des Gewässers erhält man bei einer Fahrt entlang des Ufers, wobei man den See fast komplett umrundet. Einfach rechts halten und stets unter den Schatten spendenden Bäumen im Uferbereich weiterfahren, während das Wasser linker Hand in der Sonne schimmert.

Hin und wieder tauchen kleine Badestrände oder Stege auf und das Dorf Sielbeck wird dabei ganz nebenbei gestreift. Auch das Nordufer des Kellersees zeigt sich mit waldreichen Abschnitten, bis plötzlich die Ortschaft Malente auftaucht. Malente ist besonders bei Fußballfans überregional bekannt. Im Ort befindet sich eine Sportschule, in der die Fußballnationalmannschaft vor der im eigenen Land gewonnenen Weltmeisterschaft 1974 das Trainingslager bezog. Seither findet dort vor bedeutenden Meisterschaften immer wieder ein Trainingslager statt. Radeln Sie auf der Schweizer Straße bis zur Straße Am Hünengrab, dort biegen Sie zweimal links ab und folgen dem Holebyweg bis zur Kellerseestraße, auf der es ein letztes Mal am

Tipp

GUTEN APPETIT

Nach der Ankunft in Plön hat man eine Vielfalt kulinarischer Köstlichkeiten zur Auswahl. Die Terrasse vom Restaurant Seeprinz ragt zum Beispiel in den Großen Plöner See hinein und dient dazu, sich Salate, Fisch oder Spargel einzuverleiben. Liebhaber von Süßspeisen kommen in der Plöner Altstadt auf ihre Kosten, wo Dat Waffelhuus auf Wunsch jede Waffel individuell kreiert. Neben Waffeln gibt es aber natürlich auch Eis, gerne in Kombination. Vis-à-vis zum Waffelhuus verlockt außerdem das gleichnamige Café Vis-à-vis mit kleinen Gerichten, Suppen und hausgemachten Kuchen.

Zum Abschluss wartet schließlich das etwas höher gelegene Schloss in Plön.

Ufer entlanggeht. Auf der Janusallee und der Bahnhofsstraße durchquert man das Ortszentrum mit dem Immenhofmuseum und zahlreichen Einkehrmöglichkeiten bis kurz vor die Touristinformation. Vorher zweigt die Radroute scharf nach rechts in die Sebastian-Kneipp-Straße ab, auf der Sie am Wildpark vorbeiradeln und mit etwas Abstand zum Dieksee bis Timmdorf gelangen.

Tipp

SCHLESWIG-HOLSTEIN-ERFAHRUNG

Von einer klassischen Höhenburg, am besten noch auf einem Bergsporn, kann man beim Schloss Plön angesichts der flachen Landschaft in Schleswig-Holstein sicher nicht sprechen. Dennoch befindet sich das stolze Bauwerk in leicht erhöhter Lage und blickt schützend auf den Großen Plöner See herab. Errichtet wurde das Schloss als Residenz für die Herzöge im 17. Jahrhundert an der Stelle einer vorherigen Burganlage. Die Bauzeit betrug lediglich drei Jahre und das inmitten des Dreißigjährigen Krieges. Im 19. Jahrhundert diente das Schloss als Sommerresidenz des dänischen Königs Christian VIII. In der Nachkriegszeit war im Schloss ein Internat untergebracht, doch verfiel das Gebäude zusehends. Erst durch den Kauf des Optikunternehmens Fielmann erhielt das Plöner Schloss ein repräsentatives Bild. Das Unternehmen nutzt das Gebäude seither als Bildungsstätte. Schloss Eutin liegt ebenfalls direkt am Wasser und erhebt sich stolz am Ufer des Großen Eutiner Sees. Die vierflügelige Anlage ist älter als Schloss Plön und ging aus einem Hof des 13. Jahrhunderts hervor. Zum Schloss gehört auch der idyllische Schlossgarten, der sich zum Teil am Ufer erstreckt und seit über einem halben Jahrhundert Veranstaltungsort der Eutiner Festspiele ist.

Timmdorf wird durchquert und vor lauter Wasser möchte man das Fahrrad schon fast mit einem Tretboot tauschen. Beim Verlassen des Dorfes erstreckt sich auf der linken Seite der Dieksee, auf der rechten Seite ist der Langensee zu sehen, der wiederum in den Behler See überquert. Alle diese Gewässer sind durch die Schwentine, einen der längsten Flüsse Schleswig-Holsteins, verbunden, die von Ihnen auch noch überquert wird. An einer T-Kreuzung wenden Sie sich nach links in Richtung Niederkleveez und Oberkleveez, wo Sie an einer weiteren T-Kreuzung nach rechts radeln. Entlang der etwas größeren Malenter Straße wird nun auch noch der Suhrer See umrundet, wenn auch mit deutlichem Abstand. Zu sehen ist er kaum, man streift lediglich das nach ihm benannte Naturschutzgebiet am Südufer.

PLÖN ZENTRUM Die Strecke mündet in die B 76, auf der Sie nach rechts abbiegen. Der Vollständigkeit halber sollte nicht unerwähnt bleiben, dass sich hinter der gegenüberliegenden Straßenseite mit dem kleinen Heidensee ein weiteres Gewässer befindet. Gleichzeitig wird es nun aber auch etwas belebter. Denn Sie nähern sich Plön und radeln entlang der Bundesstraße in die Stadt hinein. Natürlich passieren Sie mit dem Edebergsee ein weiteres Gewässer, überqueren erneut die Schwentine und erblicken gleich dahinter auf der linken Seite den Großen Plöner See.

Radeln Sie bis zur Überquerung der Eisenbahnstrecke, biegen Sie dahinter links ab und nach wenigen Pedalumdrehungen haben Sie den Bahnhof von Plön erreicht. Nur ein kurzes Stück hinter dem Bahnhof erstreckt sich die Altstadt mit der Nikolaikirche und dem Schloss Plön.

↑ Ausblick auf den Großen Plöner See

↗ Am Rathaus geht es bergauf zum Schloss Plön.

INFO

Mittel | 37 km | 333 Hm | 3.30 Std.

HIGHLIGHT

Stadtspaziergang

TOURENCHARAKTER

Streckentour auf asphaltierten Radwegen, Neben- und Wirtschaftsstraßen

AUSGANGSPUNKT

Schlossplatz in Eutin

ENDPUNKT

Schlossberg in Plön

GPS

von 54.137488, 10.618958 bis 54.157637, 10.415972

ANFAHRT

Auto: Von der A 1 über die B 76 nach Eutin und weiter nach Plön

Bahn: Eutin und Plön sind mit Regionalbahnen verbunden.

KOMBINIERBAR MIT

keiner anderen Tour

E-BIKE-LADESTATION

Eutin: Fahr-Rad-Laden, Lübecker Str. 42;
Malente: Diekseepromenade 1

RADVERLEIH

Eutin: Fahr-Rad-Laden, Lübecker Str. 42;
Plön: Fahrrad Wittich, Lange Str. 39

RADKARTEN

ADFC-Regionalkarte 1:75 000, Kieler Förde/Fehmarn/Holsteinische Schweiz

INFORMATION

www.malente-tourismus.de;
www.holsteinischeschweiz.de

Nur ein kleiner Teil der Seenlandschaft bei Bad Segeberg

23

SEENLANDSCHAFT UND ALTE BAHNTRASSEN

Von See zu See im Norden von Bad Segeberg

Auf dieser gemütlichen Rundfahrt erleben Sie die wasserreiche Landschaft nördlich der Festspielstadt Bad Segeberg. Mehrere Seen werden angesteuert und man überquert die noch junge und sehr schmale Trave. Zum Abschluss der Fahrt lernen Sie außerdem noch eine ehemalige Bahntrasse kennen, auf der Sie mehrere Kilometer genussvoll durch die grüne Landschaft radeln.

BAD SEGEBERG Am Bahnhof von Bad Segeberg radeln Sie auf der Bahnhofstraße in den Ortskern hinein, wo Sie auf der Kirchstraße einen Blick auf den Kleinen Segeberger See werfen können. Er grenzt an seiner Ostseite an den Kalkberg, der als Veranstaltungsort für die Karl-May-Festspiele genutzt wird. Die Kirchstraße ist zugleich die Hauptstraße im Ortszentrum und bringt Sie am Marktplatz vorbei zur Kurhausstraße, an der Sie rechts abbiegen. Es folgt die Große Seestraße, die ihrem Namen gerecht wird und direkt bis an das Ufer des Großen Segeberger Sees verläuft. Mit stetem Blick auf das Wasser genießen Sie die Fahrt entlang des westlichen Seeufers. An der Nordspitze des Gewässers passieren Sie einen Campingplatz und lassen auf dem Stipsdorfer Weg so langsam den Großen Segeberger See hinter sich. An einer T-Kreuzung inmitten weiter Felder biegen Sie links ab und radeln an einem Wäldchen vorbei bis Quaal. Zu einer Qual wird die Radreise sicher nicht. Sie schlagen den Lenker nach links ein und fahren im Ort bis zu einer weiteren T-Kreuzung, an der Sie rechts auf die Schulstraße einbiegen. Bleiben Sie geradeaus bis zu einer Haltestelle, an der Sie vor dem kleinen Ort Rohlstorf nach links abbiegen.

WARDER Sie überqueren wenig später die B 432 halb links und radeln auf der Seestraße nach Warder hinein. Hier treffen Sie auf die schlicht, aus Backstein errichtete Kirche. Mit ihrem massiven Turm wirkt sie trutzig und wehrhaft. Erstmals erwähnt wurde die Kirche bereits Ende des 12. Jahrhunderts. Vor dem kleinen Gotteshaus fahren Sie nach links und folgen dem Straßenverlauf in der Nähe des Wardersees. Unterwegs überqueren Sie einen sehr schmalen Fluss und es ist kaum vorstellbar, dass es sich um die Trave handelt. Doch kein Wunder, die Quelle des insgesamt über 113 Kilometer langen Flusses ist nicht weit weg und hier ist die Trave noch sehr jung. Sie durchquert den Wardersee, erreicht später Bad Segeberg und prägt bei Lübeck natürlich vor allen Dingen den Ort Travemünde.

Tipp

SCHLESWIG-HOLSTEIN-ERFAHRUNG

Der gemütliche Kurort Bad Segeberg ist schon lange bekannt für seine erfolgreichen Aufführungen der Karl-May-Festspiele. Die erste Aufführung mit dem Titel »Winnetou« fand im Jahr 1952 statt. Es folgten später »Der Schatz im Silbersee«, »Old Shurehand« und andere Stücke von Karl May. Aufführungsort ist die Freilichtbühne des Kalkbergstadions, das als Thingstätte von den Nationalsozialisten in den Segeberger Kalkberg errichtet wurde. Nach Kriegsende wusste man nicht so recht, was man mit dem Gelände anfangen sollte und holte daher die Festspiele nach Bad Segeberg. Schon lange haben diese sich als erfolgreiches Freilichttheater etabliert und zahlreiche bedeutende Persönlichkeiten standen in verschiedenen Kostümen auf der Bühne.

Durchqueren Sie den Ort Krems II und biegen Sie gleich dahinter rechts ab. Im kleinen Dorf Göls verläuft die Radtour nach links bis zu einer T-Kreuzung, an der Sie das Fahrrad nach rechts lenken. Die Eutiner Landstraße verlassen Sie nach links in den Weg Lehmberg, auf dem Sie zum nächsten Gewässer gelangen. Den lang gestreckten Nehmser See berühren Sie am Nordufer und radeln von dort durch einen Wald bis zum Gut Muggesfelde am Muggesfelder See. Von diesem kleinen Gewässer sehen Sie jedoch recht wenig, da Sie mit etwas Abstand durch einen dichten Wald an ihm vorbeifahren. Und zwar steuern Sie Ihr Rad in Richtung Blunk und Blunker See. Dieser hat allerdings an seinem

↑ Wuchtig zeigt sich die Kirche am Wardersee.
↗ An idyllischen Seeufern unterbricht man seine Radtour immer gerne.
→ Kunst und Skulpturen gibt es in Bad Segeberg zu sehen.

Nordufer eine kleine Badestelle, an der Sie sich bei sommerlichen Temperaturen erfrischen können.

Tipp

GUTEN APPETIT

Direkt an der alten Bahntrasse befindet sich die Gaststätte Zum alten Bahnhof. Kein Wunder, der Name verrät es ja schon, dass sich das Restaurant in einem ehemaligen Bahnhofsgebäude befindet. Wo einst Passagiere aus dem Zug stiegen, werden heute kalte Getränke ausgeschenkt. Wie ein Pit-Stop am heutigen Radweg ist die Einkehrmöglichkeit kaum praktischer für Radler. Zu den reichhaltigen Speisen gehören neben Salaten auch regionale Speisen wie Matjes, Aal oder Schinken. Je nach Saison wird auch Spargel oder Grünkohl angeboten.

BLUNK Genau zwischen Blunk und Blunker See zweigt von der Segeberger Straße ein schmaler Pfad ab, dem Sie nach links folgen. Die geschotterte Strecke diente einst als Bahntrasse für die Kleinbahn zwischen Kiel und Segeberg. Sie wurde im Jahr 1911 eröffnet und verband beide Städte auf einer Länge von etwa 50 Kilometern. In den 1960er-Jahren wurden die Bahngleise wieder entfernt und die Strecke zurückgebaut. Der nördliche Abschnitt zwischen Blunk und Kiel ist heute kaum mehr erkennbar, doch in Richtung Süden bzw. nach Bad Segeberg lässt es sich gut radeln.

BAD SEGEBERG Die alte Bahntrasse macht es natürlich sehr leicht, durch die Landschaft zu gelangen. Ein Verfahren auf der fast kurvenfreien Strecke ist kaum möglich. Rund viereinhalb Kilometer Strecke sind es zum östlichen Ortsrand von Groß Rönnau. Am Ortsausgang überqueren Sie wieder die Trave, die hier nun schon ein wenig in die Breite gewachsen ist. Hinter der Trave tauchen Sie in einen Wald ein und radeln geradewegs zum letzten Gewässer auf dieser Rundtour, zum Ihlsee. Der See ist gleichzeitig Zeichen dafür, dass Sie wieder in Bad Segeberg angekommen sind. Das Schöne an einer ehemaligen Bahntrasse ist einerseits, dass sie kaum Steigungen aufweisen. Das ist aber in Schleswig-Holstein ohnehin kaum möglich, daher gilt hier andererseits, dass man auf dem schmalen Weg bis in einen Ort hineinfährt, ohne größeren Kontakt zum Straßenverkehr zu haben. Sicherlich, es werden einige Querstraßen überquert, aber die Wohnhäuser rechts und links der Trasse passiert man ganz ohne Autoverkehr. So wird die Einfahrt nach Bad Segeberg zum Kinderspiel. Die Trasse endet vor einem Möbelhaus an der Riihimäkistraße. Der Straßenname erinnert übrigens an die finnische Partnerstadt von Bad Segeberg. Rollen Sie einfach am Parkplatz vorbei bis zur Hamburger Straße und wenden Sie sich dort nach links. Automatisch gelangen Sie wieder in das Ortszentrum von Bad Segeberg und erkennen die Kirchstraße wieder, auf der Sie zum Ausgangspunkt zurückkehren können.

INFO

HIGHLIGHT
Naturparadies

TOURENCHARAKTER
Rundtour auf asphaltierten Radwegen, Neben-, Wirtschaftsstraßen sowie einer ehemaligen Bahntrasse

AUSGANGS-/ENDPUNKT
Bahnhof Bad Segeberg

GPS
53.933693, 10.309993

ANFAHRT
Auto: Bad Segeberg grenzt direkt an die A 21, B 206 und B 432.
Bahn: Regionalbahnen nach Hamburg, Neumünster und Lübeck

KOMBINIERBAR MIT
keiner anderen Tour

E-BIKE-LADESTATION
leider keine

RADVERLEIH
S & H, Rosenstraße 31, Bad Segeberg

RADKARTEN
ADFC-Regionalkarte 1:75 000, Hamburg-Kiel-Neumünster

INFORMATION
www.bad-segeberg.de

Leicht | 34 km | 236 Hm | 2.30 Std.

RUNDFAHRT DURCH LÜBECK

Kontraste zwischen urbanem Leben und Natur

Mit einer Stadtrundfahrt durch die Altstadt von Lübeck erleben Sie nicht nur die Highlights der Hansestadt, sondern haben außerdem die Möglichkeit, das nähere Umfeld rund um die Altstadtinseln zu genießen. Sie werden überrascht sein, wie schnell man vom innerstädtischen Bereich in die grüne Naturlandschaft gelangt.

24

Bei einer Stadtrundfahrt hält man immer wieder an sehenswerten Bauten an.

Das Holstentor ist natürlich das bekannte Wahrzeichen der Stadt.

HOLSTENTOR Verlassen Sie den Hauptbahnhof in Richtung Lübecker Altstadt und schon nach wenigen Pedalumdrehungen erreichen Sie einen Kreisverkehr am Lindenplatz, an dem Sie bereits das berühmte Holstentor sehen und den Stadtgraben überqueren. Vor dem lang gestreckten Holstentorplatz lohnt es sich natürlich, noch einmal kurz anzuhalten und sich für ein Foto zu postieren. Gleich hinter dem Tor ist man bereits mitten im turbulenten Geschehen der Altstadt. Radeln Sie nur ein Stück geradeaus, so haben Sie auf der rechten Seite gleich die Möglichkeit, die Petrikirche aufzusuchen. Nur wenige Schritte sind es wiederum dahinter auf der linken Seite, um den Marktplatz von Lübeck aufzusuchen und nicht nur in einem der Straßencafés einzukehren, sondern auch den Blick auf die Fassade des historischen Rathauskomplexes zu genießen.

MARIENKIRCHE Der Durchgang am Rathaus bringt Sie zur Breiten Straße, der Haupteinkaufsstraße in der Altstadt. Natürlich schiebt man hier das Rad aus Rücksicht auf die Passanten, aber es sind ohnehin nur ein paar Meter, bis sich auf der linken Seite die beeindruckende Marienkirche erhebt und sich gleich an der Nordseite der Kirche das Buddenbrookhaus befindet. Die Hauptsehenswürdigkeiten sind allesamt auch fußläufig erreichbar. Doch es kann auch geradelt werden. Vor dem Gotteshaus zum Beispiel durch die Straße Fünfhausen bis zur Fischergrube, an der Sie sich nach rechts wenden. So gelangen Sie abermals zur Breiten Straße, an der sich nun zu Ihrer Linken die St.-Jakobi-Kirche in ihrer vollen Größe präsentiert.

Rechts an der Kirche vorbei, radeln Sie durch die Königstraße nach rechts und in die Glockengießerstraße nach links. Schöne Bürgerhäuser säumen Ihren Weg hinab zum Elbe-Lübeck-Kanal. Auf der ungewöhnlich wirkenden Fußgänger- und Radfahrerbrücke überqueren Sie das Gewässer und wenden sich am gegenüberliegenden Ufer nach links. Sie werfen hinter den Sportplätzen einen Blick auf das Wasser der Wakenitz auf der rechten Seite und biegen am Gustav-Radbruch-Platz

Tipp

GUTEN APPETIT

Kein Aufenthalt in Lübeck ohne das Thema »Marzipan«. Das Café Niederegger ist dabei natürlich der Klassiker. Hier lässt sich die Süßware nicht nur in zahlreichen Variationen kaufen, sondern auch gemütlich im Café verweilen und speisen. Die Auswahl besteht aus der Kaffeebar im Erdgeschoss oder der Außenterrasse in der quirligen Altstadt. Mit Salaten, Suppen oder Pastete gibt es auch entsprechend Abwechslung, wenn es etwas herzhafter sein soll. Zum Abschluss des Café-Besuches lohnt natürlich noch der Blick in den Marzipan-Salon in der zweiten Etage.

Tipp

SCHLESWIG-HOLSTEIN-ERFAHRUNG

Es gibt zweifellos zwei Dinge, die man in Lübeck gesehen und gemacht haben sollte. An erster Stelle steht das Buddenbrookhaus mit seiner hellen Fassade gleich neben der Marienkirche. Hier lebte und wirkte die Schriftstellerfamilie Mann, aus der Thomas Mann als Literaturnobelpreisträger hervorging. Er schrieb unter anderem den Gesellschaftsroman *Buddenbrooks*, der ebenfalls in dem Haus spielte. Heute ist in dem Buddenbrookhaus das Heinrich- und Thomas-Mann-Zentrum mit zwei Dauerausstellungen untergebracht. Was man sich in Lübeck ebenfalls nicht entgehen lassen sollte, ist natürlich Marzipan. Gleich am Ufer der Trave, nur wenige Schritte vom Holstentor, trifft man auf die ersten Süßwarengeschäfte, in denen sich Leckermäuler mit der süßen, weichen Masse eindecken können. Im Marzipanspeicher existiert sogar ein kleines Marzipanmuseum. Aber auch im Stammhaus von Niederegger ist nicht nur seit über 200 Jahren ein Café untergebracht, sondern eine weitere Marzipanausstellung.

Für das interessante Buddenbrookhaus unterbricht man die Tour auch schon mal länger.

scharf nach rechts in die Roeckstraße ein. Bleiben Sie geradeaus, bis Sie links die Möglichkeit haben, über die Straße Am Rittbrook bis in einen Wald hineinzufahren. Im dicht bewaldeten Stadtpark genießen Sie den Kontrast zwischen Altstadtrummel wenige Minuten zuvor und idyllischer Natur mit Schatten spendenden Bäumen. Halten Sie sich halb links und nordwärts, um nach einiger Zeit auf einer schmalen Brücke die B 75 bzw. die Travemünder Allee zu überqueren.

NATURSCHUTZGEBIET SCHELLBRUCH

Auf der anderen Seite geht es ähnlich waldreich auf der Waldstraße weiter. Nur kurz werden einige Wohnhäuser entlang des Buchenweges passiert, bevor es weiter durch den Wald bis zu einer Kleingartensiedlung am Rande des Naturschutzgebietes Schellbruch geht. Biegen Sie an einer T-Kreuzung vor dem See des Naturschutzgebietes nach links ab und Sie erreichen im Zickzack die Straße An der Hülshorst. Damit haben Sie das urbane Leben Lübecks wieder erreicht und sehen halb rechts einen schmalen Weg. Er verläuft bis zum Forstmeisterweg, an dem Sie nach rechts abbiegen und nun stets geradeaus radeln. Dabei erreichen Sie die Travemünder Allee, bleiben geradeaus und überqueren kurz darauf wieder den Elbe-Lübeck-Kanal, wo Sie bereits das beeindruckende Burgtor als nördlichen Zugang zur Altstadt sehen.

Durch das Burgtor hindurch gelangen Sie wieder zur St.-Jakobi-Kirche, doch hier sollten Sie nicht auf die Breite Straße wechseln, sondern vor der Kirche in die Straße Engelsgrube hineinfahren. Sie gelangen wieder zum Ufer der Trave, wenden sich nach links und haben bei der restlichen Fahrt zum Holstentor mehrere Möglichkeiten, sich mit dem Einkauf von Marzipan in den entsprechenden Süßwarengeschäften einzudecken.

↑ Die historische Altstadt der Hansestadt Lübeck …
↗ … ist auf der Welterbeliste der UNESCO eingetragen.

INFO

HIGHLIGHT
Stadtspaziergang

TOURENCHARAKTER
Rundtour auf asphaltierten Radwegen und im Stadtbereich

AUSGANGS-/ENDPUNKT
Hauptbahnhof Lübeck

GPS
53.866959, 10.671620

ANFAHRT
Auto: Auf der A 1, A 20 oder über die B 75 bzw. B 207 nach Lübeck
Bahn: Lübeck wird vom ICE und vielen Regionalbahnen angefahren.

KOMBINIERBAR MIT
Touren 15 und 25

E-BIKE-LADESTATION
Bauhaus, Lohgerberstraße 3

RADVERLEIH
Lübeck: Swapfiets, Mühlenstr. 56; Mietrad Mielke, Hüxterdamm 2

RADKARTEN
ADFC-Regionalkarte 1:75 000, Lübeck und Umgebung

INFORMATION
www.luebeck-tourismus.de; www.buddenbrookhaus.de

Leicht	17 km	127 Hm	2.00 Std.

Auch im Süden von Schleswig-Holstein begeistert die Landschaft mit Seen.

25

RUND UM DEN RATZEBURGER SEE

Unterwegs auf dem Grünen Band in zwei Bundesländern

Erleben Sie auf diesem Rundkurs nicht nur Natur und Genuss, wenn Sie den Ratzeburger See umrunden. Sondern besichtigen Sie auf der Dominsel der kleinen Ortschaft auch das sehenswerte Gotteshaus und werfen Sie auf dem Grünen Band einen Blick in die Vergangenheit, als Deutschland leider noch geteilt war.

LÜBECK ALTSTADT Auf diesem Rundkurs verlassen Sie die Lübecker Altstadt in östliche Richtung. In unmittelbarer Nachbarschaft zum historischen Rathaus radeln Sie auf der Wahmstraße sowie der Krähenstraße über zwei Brücken und halten sich am Moltkeplatz halb rechts. Auf der Von-Morgen-Straße passieren Sie wenig später eine Sportanlage und gelangen Sie in eine sehr große Kleingartenanlage. In ihr wenden Sie sich nach rechts bis zum Ufer der Wakenitz. Dem Flussufer anfänglich folgend erreichen Sie nach einiger Zeit eine T-Kreuzung, an der Sie rechts abbiegen und durch die Straße Im Eulennest in südliche Richtung fahren. Am Kaninchenbergweg radeln Sie ebenfalls nach rechts und unmittelbar darauf nach links, damit Sie auf der Straße Bei den Pappeln zum Kleinen See gelangen. An der Gabelung am See halten Sie sich zunächst halb rechts vor der Bahnstrecke und radeln kurze Zeit zwischen Gleis und See. Doch wenig später befinden Sie sich wieder am Ufer der hier sehr schmalen Wakenitz. Die Bahnanlage wird unterquert, der Fluss überquert und schon geht es auf der anderen Flussseite durch die Grünflächen nach links.

Auf dem Drägerweg überqueren Sie nach links einen kleinen Wassergraben und radeln zwischen Feldern und Wäldern am Wakenitz-Ufer entlang. Auf dem Absalonshorster Weg verläuft der Radweg nach rechts durch den Wald bis zur Hauptstraße in Groß Grönau. Hier biegen Sie links ab und überqueren außerhalb der Ortschaft mithilfe der beiden Kreisverkehre die A 20. Anschließend durchqueren Sie den Wald auf dem Radweg neben der Hauptstraße und kommen in das Dorf Groß-Sarau. Hinter einer Tankstelle auf der linken Seite führt die Straße Bavernsee zum Ufer des Ratzeburger Sees. Dieser begrüßt Sie rechter Hand gleich mal mit einem Rastplatz und einer Badestelle.

Tipp

SCHLESWIG-HOLSTEIN-ERFAHRUNG

Malerisch liegt die Altstadt von Ratzeburg auf der sogenannten Dominsel, die wie eine Halbinsel in den Ratzeburger See hineinragt. Auf der Ostseite ist die Dominsel über zwei Dämme mit dem Umland verbunden, die wiederum den Ratzeburger See in kleinere Gewässer unterteilen. Im Zentrum der Altstadt befindet sich der Marktplatz, von dem mehrere Einkaufsstraßen, aber auch die Bundesstraße abzweigen. Nach Norden hin bildet die Dominsel wiederum eine eigene Halbinsel, auf der sich der Dom mit Domhof und Kreuzgang befindet. Gleich neben dem Dom schließt sich an der Nordseite ein Kreuzgang, während sich auf der Südseite der Domhof ausbreitet. In unmittelbarer Nachbarschaft lockt zudem das Kreismuseum mit einer ansprechenden Ausstellung zu einem Besuch und entführt einen vor allen Dingen in die aufregenden 1950er-Jahre (Kreismuseum Herzogtum Lauenburg, Domhof 12, 23909 Ratzeburg, www.kmrz.de). Direkt daneben kann man sich wiederum im A. Paul Weber-Museum über das Leben und Wirken des Zeichners und Malers informieren (A. Paul Weber-Museum, Domhof 5, 23909 Ratzeburg, www.weber-museum.de).

RUND UM DEN RATZEBURGER SEE Der Ratzeburger See wird ab hier beinahe komplett umrundet. Auf der Westseite ist man dabei sogar fast durchgehend direkt am Ufer unterwegs. Der Uferweg verläuft malerisch durch Grünanlagen, unter Schatten spendenden Baumkronen hindurch und an kleinen Ortschaften bzw. Campingplätzen vorbei. Und nicht zuletzt tauchen auch immer wieder kleinere Liegewiesen auf, die direkt

Warum nicht mal in Ratzeburg eine kleine Pause am Eiscafé einlegen?

bis an das Wasser reichen und gerne als Badestelle genutzt werden. Zumindest die Füße kann man hier eintauchen oder man nimmt auf einer der Parkbänke Platz und schaut Enten, Gänsen und Schwänen bei ihrem Treiben auf dem Ratzeburger See zu.

RATZEBURG Rund zehn Kilometer nach Erreichen des Seeufers gelangt man zur Lübecker Straße, die als Zufahrtsstraße nach Ratzeburg dient. Gegenüber von Hausnummer 14a zweigt jedoch der Lüneburger Damm halb links ab, sodass man nicht entlang der Straße nach Ratzeburg hineinfahren muss, sondern bequem den Radweg nahe des Seeufers nutzen kann. Auf dem breiten Damm erreicht man nicht nur das Altstadtviertel auf der Dominsel von Ratzeburg, sondern auch den Eispavillon. Die Bundesstraße, die die Dominsel durchquert, sollte man natürlich weitgehend meiden. Daher hält man sich links und folgt der Beschilderung durch die kleinen Straßen zum Dom am nördlichen Punkt der Insel. Nach der Besichtigung radeln Sie über die Domstraße zum Markt und verlassen die Altstadt schließlich entlang der Bundesstraße auf dem Königsdamm in östliche Richtung. Direkt hinter dem Damm zweigt der Bäker Weg halb links ab und so verläuft auch der nächste Abschnitt dieser Radroute zu großen Teilen am Uferweg oder zumindest in der Nähe des Ratzeburger Sees.

Tipp

GUTEN APPETIT

Bei der Ankunft in Ratzeburg sollte man sich ein erfrischend kühles Eis im Eispavillon Pelz auf dem Damm vor der Altstadt gönnen. Schon seit über einem halben Jahrhundert wird in dem reetgedeckten Haus in der fünften Familiengeneration Eis zubereitet und angeboten. Es gibt kaum eine Eissorte, die es nicht gibt. Dazu zählen auch vegane Variationen. Neben Eiscreme werden aber auch fantastisch zubereitete Kuchen angeboten. Allerdings sollte man sich auf Wartezeiten einstellen, denn die Schlange ist vor allen Dingen an heißen Tagen lang.

Anfangs geht es noch in den Wald hinein, doch Bäk verlässt man über die Schulstraße, um gleich an der ersten Möglichkeit rechts zwischen den Feldern genussvoll durch die grünen Landschaften zu radeln. Diese Bezeichnung ist dabei gar nicht mal so falsch, denn gleichzeitig ist man am sogenannten Grünen Band unterwegs. Mit diesem Begriff wird die ehemalige innerdeutsche Grenze beschrieben, an der sich während der deutsch-deutschen Teilung zumindest die Natur gut entwickeln konnte und kaum von Menschenhand beeinflusst war. Daher sind auch jetzt für einen langen Teil der Strecke kaum Siedlungen, außer Campow und Utecht, unterwegs anzutreffen, während Sie für einige Kilometer in Mecklenburg-Vorpommern unterwegs sind.

RÜCKWEG DURCH MECKLENBURG-VORPOMMERN Bei Utecht verlassen Sie den Ratzeburger See und folgen der kleinen Landstraße bis Schattin, wo Sie bei Duvennest wieder die Autobahn überqueren. Durch den dichten Wald radeln Sie bis Lüdersdorf-Herrnburg. Geradeaus gelangen Sie zu einem Kreisverkehr, hinter dem Sie wieder nach Schleswig-Holstein gelangen und stets geradeaus auf der Brandenbaumer Landstraße nach Lübeck hineinfahren. An der Walderseestraße geht es noch einmal nach links und schließlich wieder geradeaus zum Ausgangspunkt in der Lübecker Altstadt.

INFO

HIGHLIGHT
Naturparadies

TOURENCHARAKTER
Rundtour auf asphaltierten Radwegen, Neben- und Wirtschaftsstraßen sowie unbefestigten Waldwegen

AUSGANGS-/ENDPUNKT
Rathaus Lübeck, Am Markt

GPS
53.866857, 10.685175

ANFAHRT
Auto: Auf der A 1, A 20, B 75 bzw. B 207 nach Lübeck
Bahn: Mit ICE oder Regionalzügen bis Lübeck

KOMBINIERBAR MIT
Touren 15 und 24

E-BIKE-LADESTATION
leider keine

RADVERLEIH
Lübeck-Zentrum: Swapfiets, Mühlenstr. 56;
Ratzeburg: 3-Muskel-Cafe, Bahnhof 1

RADKARTEN
ADFC-Regionalkarte 1:75 000, Lübeck und Umgebung

INFORMATION
www.luebeck-tourismus.de;
www.herzogtum-lauenburg.de

Einkehrmöglichkeit direkt am Ratzeburger See

Schwer | 54 km | 412 Hm | 4.30 Std.

Zwischendurch kann man das Fahrrad auch mal mit dem Tretboot tauschen.

ELBE UND RUND UM HAMBURG

Sehenswerte Schlösser
und interessante geografische
Extrempunkte

ZUM TIEFPUNKT DEUTSCHLANDS

An der Elbe bis zur tiefsten Landstelle

Etwas abseits klassischer und vielleicht auch mal gut besuchter Radwege geht es auf diesem Rundkurs häufig entlang kleiner Landstraßen. Diese besitzen nicht immer einen straßenbegleitenden Radweg, sodass man oft auch auf der Straße unterwegs ist. Sie sind jedoch meist wenig befahren und die einzige Möglichkeit, die tiefste Landstelle Deutschlands mit dem Fahrrad zu erreichen. Abschließend radeln Sie dann ab Brokdorf genüsslich am Elbufer entlang.

Entlang der Elbe blickt man immer wieder auf die großen Ozeanriesen.

26

STADTZENTRUM VON BRUNSBÜTTEL Mit einem Blick auf die Schleuse, die den Beginn bzw. das Ende des Nord-Ostsee-Kanals in Brunsbüttel markiert, starten Sie die Radtour an der Kanalfähre Brunsbüttel. Lassen Sie die Schleuse hinter sich und radeln Sie nur ein kurzes Stück auf der Kautzstraße in Richtung Ortszentrum. An der Einmündung in die Ostermoorer Straße geht es nach rechts und über die Deichbrückstraße hinweg, bis Sie den kleinen Binnenhafen auf der rechten Seite passieren. Die Straße beschreibt nach einiger Zeit eine Linkskurve. Hier radeln Sie jedoch weiter geradeaus. Die Raffinerie auf der linken Seite ist nicht der schönste Anblick, aber gleich dahinter geht es direkt zum Ufer des Nord-Ostsee-Kanals. Die Fähre Ostermoor verbindet an dieser Stelle ebenfalls beide Ufer.

Doch zunächst verläuft die Radtour am Kanal entlang und Sie unterqueren auf dem Uferweg die erste der Hochbrücken, die sich über den Kanal spannen. Etwas mehr als einen Kilometer später folgt eine weitere Überquerungsmöglichkeit des Nord-Ostsee-Kanals. Wie alle der insgesamt 14 Fähren, die den Kanal queren, ist auch diese Fähre für die Passagiere kostenlos. Am anderen Ufer angekommen, lässt man die Wasserstraße jedoch vorerst hinter sich. Die Fahrt verläuft halb links über die Dörpstroot, auf der es wenig später mit zahlreichen Kurven im Zickzack durch die Felder geht. An einer T-Kreuzung mündet das kleine Sträßchen in die Hauptstraße. Sie heißt zwar Hauptstraße und sie ist auch zweispurig, doch ist der Verkehr trotzdem überschaubar. Sie schlagen den Lenker nach links ein und folgen der Landstraße bis zu ihrem Ende an einer weiteren T-Kreuzung.

TIEFSTE LANDSTELLE DEUTSCHLANDS
Hier geht es an der ebenfalls zweispurigen Dorfstraße nach rechts und nach rund 800 Metern überquert man die Wilster Au.

Tiefer kann man in Deutschland nicht stehen.

Der 19 Kilometer lange Fluss entwickelt sich bei Burg in Dithmarschen und mündet bei Kasenort in die Stör. Von einem Ursprung oder einer Quelle kann man bei diesem Flüsschen seit der Fertigstellung des Nord-Ostsee-Kanals nicht mehr sprechen, da der Fluss sein Wasser über Schöpfwerke des Kanals erhält. Nach Überquerung des Flusses ist es gerade einmal ein Kilometer, bis auf der rechten

Tipp

GUTEN APPETIT

Zum Dückerstieg sollte man schon deshalb fahren, weil es dort die Anstecknadel als Erinnerung an den Besuch bei der tiefsten Landstelle zu erwerben gibt. Und wenn man schon dort ist, kann man sich ja auch gleich mal einen Platz suchen und einen Blick in die Speisekarte werfen. Gebratene Entenleber mit Rotkohl oder Rindercarpaccio mit Sherryessig klingen nicht nur appetitlich. Auch Nordseekrabben, entweder mit Bete auf Apfel und Meerrettich oder als Suppe mit Fisch und Dill, stehen auf dem Speiseplan. Außerdem liegt das Restaurant ungefähr auf der Hälfte der Strecke, es passt also wunderbar für eine Halbzeitpause.

Tipp

SCHLESWIG-HOLSTEIN-ERFAHRUNG

Viele Jahre hat man angenommen, die tiefste Landstelle Deutschlands befände sich in Ostfriesland, genauer gesagt in der Nähe von Krummhörn bei Emden. Doch diesen Titel musste die Gemeinde in den 1980er-Jahren abtreten. Messungen im Jahr 1988 ergaben, dass sich der Tiefpunkt des Landes in Schleswig-Holstein befindet. Denn gleich neben der Landstraße bei Neuendorf-Sachsenbande steht man exakt 3,54 Meter unterhalb des Meeresspiegels. Auf einem kleinen, geschotterten Parkplatz mit einem gemütlichen Picknickplatz und einer Informationstafel inmitten der Wilstermarsch erhebt sich eine Säule, an der man verschiedene Wasserstände vergangener Sturmfluten ablesen kann. Wer will, kann sich mit einem Souvenir stets an seinen Besuch an der tiefsten Landstelle erinnern. Angeboten werden ein Ansteckpin und eine Tasse in der Touristinformation in Wilster und im drei Kilometer entfernten Landgasthaus Zum Dückerstieg.

Seite ein kleiner Parkplatz mit einem Picknickplatz auftaucht und die tiefste Landstelle Deutschlands erreicht ist. Im Umkehrschluss bedeutet das, natürlich nur rein technisch betrachtet, dass ab hier jede Weiterfahrt mit dem Rad bergauf zu bewältigen ist. Aber in dieser flachen Marschlandschaft kann man wohl kaum von Anstiegen sprechen. Kurz hinter der tiefsten Landstelle folgt der dazugehörige und überschaubare Ort Neuendorf-Sachsenbande. Sie bleiben entlang der kleinen Landstraße geradeaus, radeln zwischen den Feldern entlang und erreichen in einer Linkskurve das Restaurant Dückerstieg. Wenige Fahrminuten später wird es ein wenig belebter auf der Straße. Die kleine Ortschaft Wilster überrascht mit einem netten Ortszentrum, das gleich zwei schöne Rathäuser zu bieten hat. Das sogenannte Alte Rathaus wurde im Stil der Renaissance Ende des 16. Jahrhunderts erbaut und zeigt sich im Obergeschoss in Fachwerkbauweise. 200 Jahre jünger, also aus dem Ende des 18. Jahrhunderts stammend, ist das Neue Rathaus, das auch als Doos'sches Palais bezeichnet wird. Der Name leitet sich vom Kanzleirat ab, der das Gebäude einst als Wohnhaus für sich und seine Familie errichten ließ.

BROKDORF UND DIE ELBE Über die Rathausstraße verlässt man Wilster in südliche Richtung und überquert dabei wieder die Wilster Au. Während der kurvigen Radtour zwischen den weiten Feldern passieren Sie zahlreiche Gehöfte und verlassen die Straße an der Bushaltestelle Damfleth nach rechts. Auch auf diesem Abschnitt geht es ruhig, gemütlich und leicht kurvig zu, bis man die knapp fünf Kilometer zwischen Abzweig und Brokdorf absolviert hat. Am Kreisverkehr am Ortseingang radeln Sie geradeaus bis zum Deich. Willkommen an der Elbe. Dem Radweg am Deich folgen Sie flussabwärts, also nach rechts, und schon bald lassen Sie den kleinen, aber lang gestreckten Ort Brokdorf hinter sich. Der eine oder andere Picknickplatz lädt zu einer kleinen Rast ein, bei der man den Schiffen auf dem Weg in die große weite Welt hinterherblickt, die in diesem Fall aus der Elbmündung in die Nordsee besteht.

Während man am Ufer entlangradelt, blickt man zugleich auf das benachbarte Bundesland Niedersachsen, das sich am gegenüberliegenden Ufer befindet. Ein wenig gewöhnungsbedürftig ist hingegen der Blick auf das ehemalige Kernkraftwerk Brunsbüttel, das sich direkt am Ufer erhebt. Doch das Kraftwerk ist bereits 2011 vom Netz genommen worden und wird derzeit zurückgebaut. Der

Rückbau wird jedoch noch einige Jahre in Anspruch nehmen. Sie können dem Deich bis zu seinem Ende folgen, das sich an der Einmündung des Nord-Ostsee-Kanals in die Elbe befindet. Unterwegs gibt es nicht nur eine kleine Aussichtsplattform, sondern auch die Möglichkeit, einen Blick auf die bereits bekannte Schleuse zu werfen. Dieses Mal jedoch von der anderen Seite des Kanals. Um diesen zu überqueren, halten Sie sich rechts und folgen der Cuxhavener Straße bis zur Fährstraße. Jetzt nur noch einmal nach links und mit Schwung auf die Fähre, die Sie wieder zurück zum Ausgangspunkt bringt.

Reetgedeckte Häuser flankieren den Radweg.

INFO

HIGHLIGHT
Sehenswürdigkeit

TOURENCHARAKTER
Rundtour auf asphaltierten Radwegen, Neben- und Wirtschaftsstraßen

AUSGANGS-/ENDPUNKT
Kauzstraße, Brunsbüttel

GPS
53.897569, 9.147314

ANFAHRT
Auto: Ab der A 23 über die B 5 bis Brunsbüttel
Bus: Nach Brunsbüttel, z. B. ab Itzehoe

KOMBINIERBAR MIT
Tour 7

E-BIKE-LADESTATION
Etatsrätin-Doos-Straße 17, Wilster

RADVERLEIH
Brunsbüttel: Küstenrad, Koogstraße 1;
Wilster: Lamberty, Burger Str. 15

RADKARTEN
ADFC-Regionalkarte 1:75 000, Schleswig-Holsteinische Nordseeküste mit Inseln

Mittel	47 km	72 Hm	3.30 Std.

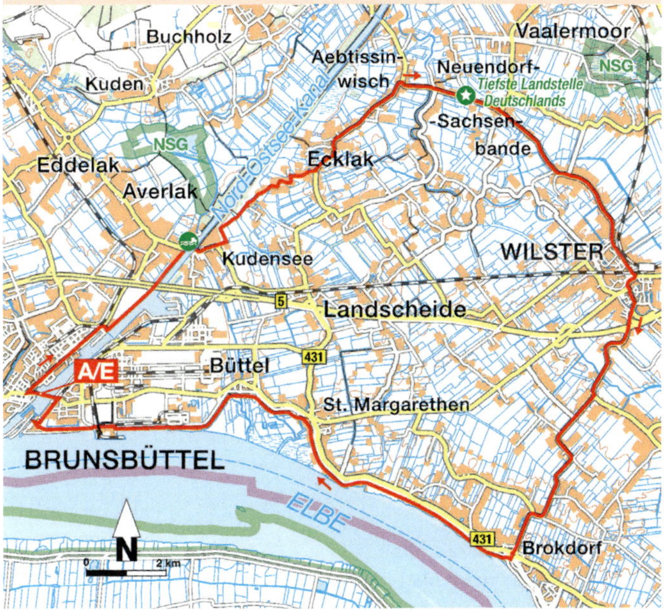

INFORMATION
www.brunsbuettel.de;
www.tiefstelandstelle.de

Auf Kopfsteinpflaster radelt man ins Zentrum von Itzehoe.

27

ZU EINER DER ÄLTESTEN KIRCHEN

Ruhige Radrundtour von Itzehoe über Hohenaspe

Es müssen nicht immer die Top-Highlights an Sehenswürdigkeiten oder die spektakulären Fernradwege sein. Manchmal reichen auch einfach abseits gelegene Radrundstrecken, die den Vorteil haben, weniger frequentiert zu sein. Nördlich von Itzehoe genießt man die Fahrt auf genau so einer Tour und erlebt dann in Hohenaspe mit der außergewöhnlichen Michaeliskirche doch eine kleine, besondere Sehenswürdigkeit.

ITZEHOE Verlassen Sie die Innenstadt von Itzehoe auf der Reichenstraße in nördliche Richtung. Über die Breite Straße und die Kirchenstraße gelangen Sie hinter den Klosterhof auf den Juliengardeweg. An einem Friedhof auf der rechten und einem Waldstück auf der linken Seite radeln Sie auf der Alten Landstraße stadtauswärts bis zu einer ehemaligen Bahntrasse, auf der Sie sich nach rechts wenden. Es handelt sich um die einstige Bahnverbindung zwischen Wrist bei Kiel bis Itzehoe und hier um das Teilstück in Richtung Kellinghusen. Die Bahnstrecke wurde 1889 in Betrieb genommen und hatte etwas über einhundert Jahre Bestand. Mittlerweile ist die Trasse zwar zu einem Rad- und Fußweg zurückgebaut, doch es existieren Planungen, die Bahnstrecke zu reaktivieren und hier wieder Züge verkehren zu lassen.

Sie verlassen die Bahntrasse ohnehin schon nach wenigen Hundert Metern nach links in Richtung Ottenbüttel. In dem kleinen Dorf fahren Sie auf der Ünnerst Dörpstraat ebenfalls nach links. Dabei verlassen Sie den Ort, überqueren eine Landstraße und erreichen hinter einer Autobahnunterführung die weite, aus Feldern bestehende Landschaft. Biegen Sie rund 400 Meter hinter der Autobahn rechts ab und durchqueren Sie wenig später Eversdorf und Kaaks. Entlang der Hauptstraße erreichen Sie Mehlbek Siedlung, wo Sie zuvor rechts in den Wald hineinfahren und anschließend Mehlbek durchqueren.

HOHENASPE Am Ortsausgang von Mehlbek biegen Sie rechts ab und genießen die ruhige und friedliche Landschaft, die nur einmal von der A 23 durchschnitten wird. Sie überqueren die Autobahn und fahren dahinter ein wenig im Zickzack bis zu einer Landstraße. An dieser radeln Sie nach rechts, um sie gleich an der Haltestelle Kaisborstel nach links zu verlassen. Auf dem Forstweg tau-

Tipp

SCHLESWIG-HOLSTEIN-ERFAHRUNG

Die Stadt Itzehoe, in der das zweite »e« übrigens nicht gesprochen wird, wurde bereits im 12. Jahrhundert zum ersten Mal erwähnt und gilt damit als eine der ältesten Städte in Holstein. Einstmals war die Innenstadt vom Flusslauf umgeben, doch Mitte der 1970er-Jahre hat man den Fluss an dieser Stelle zugeschüttet und ihn so an den Rand der Altstadt gedrängt. Eine Bürgerinitiative ist bemüht, einen Wasserlauf so um die Altstadt zu gestalten, dass das alte Stadtbild zumindest ein Stück weit wiederhergestellt wird. Denn im Jahr 1988 gab es einen von Städteplanern initiierten Wettbewerb, in dem die am meisten verschandelte historische Innenstadt gesucht wurde und Itzehoe musste sich damit abfinden, den wenig schmeichelhaften zweiten Platz belegt zu haben. Trotzdem lohnt sich natürlich ein Rundgang durch die Innenstadt. Das eigentliche Zentrum breitet sich rund um das historische Rathaus aus. Es stammt in seinen ältesten Abschnitten aus dem Ende des 17. Jahrhunderts und auch die umliegenden Wohn- und Geschäftshäuser sind einen Blick wert. Nördlich davon erreicht man den Burgplatz. Von der Burg aus dem 12. Jahrhundert ist nichts mehr erhalten geblieben, obwohl sie inmitten der Störschleife gut nach außen hin gesichert war. Das heutige moderne Stadtzentrum mit seiner Fußgängerzone und den zahlreichen Einkaufsmöglichkeiten erreicht man kurz dahinter und am Stadttheater vorbei. Inmitten des Zentrums erhebt sich mit der St.-Laurentii-Kirche das größte Gotteshaus von Itzehoe. Das 300 Jahre alte Bauwerk ersetzte eine Vorgängerkirche aus dem 12. Jahrhundert, nachdem diese in einem der zahlreichen Nordischen Kriege zwischen Dänemark und Schweden zerstört wurde.

↑ Sehenswerte Kirchen … ↗ … ein historisches Rathaus …
→ … und moderne Bauten prägen das Gesicht der Itzehoer Innenstadt.

chen Sie in den dichten Wald ein, halten sich an der Gabelung halb rechts und erleben den Naturgenuss bis zur nächsten Landstraße. Auf ihr radeln Sie geradewegs bis in den nächsten Ort – Hohenaspe.

Schon nach wenigen Metern im Ort sehen Sie auf der linken Seite die St.-Michaelis-Kirche mit ihrem hölzernen frei stehenden Turm. Das Kirchengebäude selber stammt aus der Zeit der Romanik und wurde Ende des 13. Jahrhunderts zum ersten Mal erwähnt. Damit ist sie eine der ältesten Kirchen der Region. Auch im Inneren präsentiert sich das Gotteshaus mit interessanten Eindrücken, so zum Beispiel mit dem gotischen Flügelaltar aus dem 15. Jahrhundert. An der Kirche fahren Sie weiter mit dem Rad bis zur Hauptstraße, dem Charlottenburger Weg. Auf diesem halten Sie sich links und folgen der Landstraße, die aus Hohenaspe hinausführt. Wenn die Straße wenig später eine weite Linkskurve beschreibt, fahren Sie auf dem landwirtschaftlichen Nutzweg geradeaus und biegen gleich an der ersten Gelegenheit zwischen den Feldern links ab. Nun geht es ein wenig im Zickzack zwischen den Feldern östlich von Ottenbüttel hindurch. Kein einziges Haus stört den Blick über die beinahe einsam wirkende Landschaft. Das ändert sich erst beim Erreichen der B 77, an der Sie nach links abbiegen. Doch Sie verlassen die Bundesstraße auch gleich schon wieder, denn nach kurzer Zeit sehen Sie eine Bahntrasse, auf der ein Rad- und Fußweg verläuft. Es handelt sich um die bereits bekannte Bahntrasse zwischen Kellinghusen und Itzehoe, der Sie nach rechts in westliche Richtung folgen. Geradewegs gelangen Sie nach rund dreieinhalb Kilometern entspannter Fahrt wieder in den besiedelten Bereich von Itzehoe und radeln über die Straßen zurück zum Ausgangspunkt.

Tipp

GUTEN APPETIT

Der Kaffeemacher in der Innenstadt von Itzehoe bereitet einem auf liebevolle Weise einen angenehmen Aufenthalt. Hier kann man sich mit einem Kaffee, einem Espresso oder einer Trinkschokolade verwöhnen lassen. Geröstet werden verschiedene Sorten, die Namen wie Klöönschnack, Itzehoer Original oder Holsteiner Liebling tragen. Und zum Mitnehmen gibt es im hauseigenen Shop auch etwas.

INFO

HIGHLIGHT
Naturparadies

TOURENCHARAKTER
Rundtour auf asphaltierten Radwegen, Neben- und Wirtschaftsstraßen

AUSGANGS-/ENDPUNKT
Rathaus Itzehoe, Reichenstraße

GPS
53.919433, 9.515837

ANFAHRT
Auto: Itzehoe liegt an der A 23.
Bahn: Anbindung an Hamburg mit dem IC und Regionalbahn

KOMBINIERBAR MIT
keiner anderen Tour

E-BIKE-LADESTATION
Bar Hoge Kant,
Kleine Paaschburg 5, Itzehoe

RADVERLEIH
Fahrradstation Hin und Weg,
Bahnhofstr. 2, Itzehoe

RADKARTEN
ADFC-Regionalkarte 1:75 000,
Hamburg-Kiel-Neumünster

INFORMATION
www.mein-itzehoe.de

Mittel	37 km	222 Hm	3.00 Std.

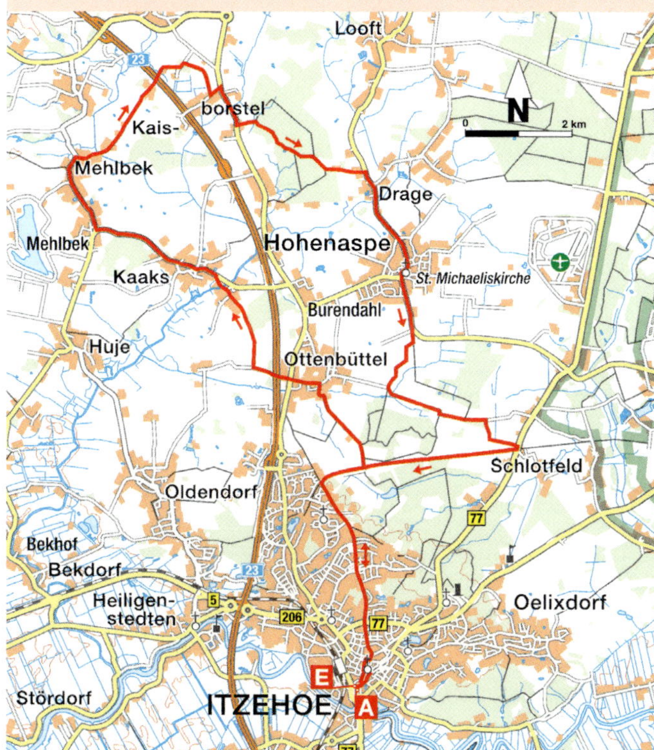

VOM BRAMSTEDTER SCHLOSS ZUM SCHLOSS VON BARMSTEDT

Achtung: Verwechslungsgefahr

Namentlich kann man hier einiges durcheinanderhauen, aber ein Verirren ist zwischen den beiden Ortschaften Bad Bramstedt und Barmstedt nur schwer möglich. Mit einem Zwischenstopp bei den Storchenfreunden in Hitzhusen radeln Sie entspannt zwischen Heide, Feldern und Wäldern von einem gemütlichen Ort in den nächsten.

28

Teile der Schlossanlage in Barmstedt

↑ Unterwegs auf der Schlossinsel
↗ Ausblick auf den Rantzauer See

BAD BRAMSTEDT Lassen Sie das Schloss bzw. das Torhaus in Bad Bramstedt hinter sich, indem Sie Ihr Rad auf die Straße Bleek rollen und an der Kirche vorbeiradeln. Halten Sie sich dabei halb links und fahren Sie an einer Grünanlage aus dem Ort hinaus. Dabei nähern Sie sich Hitzhusen, wo Sie auf der linken Seite unbedingt an der Hauptstraße 27 anhalten sollten. Die Adresse ist über den Ort hinaus bekannt dafür, dass die Storchenfreunde Hitzhusen im eigenen Garten seit über 30 Jahren einen bei Störchen beliebten Brutplatz geschaffen haben. Mit viel Liebe werden zahlreiche Nester betreut und gepflegt, in denen mittlerweile über 1000 Störche geboren wurden und groß geworden sind.

Hinter den vielen Storchennestern wenden Sie sich nach links in den Weddelbrooker Damm, überqueren Sie die Bramau und biegen Sie links auf die Straße Tutzberg ab. Zwischen zwei kleinen Teichen folgen Sie der Straße bis zu ihrem Ende und biegen an der T-Kreuzung nach rechts ab.

WEDDELBROOK Hinter dem Ponygestüt an der Kreuzung biegen Sie wiederum nach links ab und radeln entlang der Glückstädter Straße in Richtung Weddelbrook. Bereits an der ersten Einmündung nach links lenken Sie das Fahrrad in die Heidmoorer Straße. Aufgepasst: Der Straßenverlauf beschreibt eine Linkskurve, an der Sie vor einem kleinen Teich rechts abbiegen und weiter der Heidmoorer Straße folgen. Die Landschaft wechselt sich ab zwischen weiten Feldern und dichten Wäldern, die Sie zum Teil durchqueren.

Tipp

GUTEN APPETIT

Schon mal in einem Gefängnis eingekehrt? Das Schlossgefängnis Rantzau in Barmstedt macht es möglich. Idealerweise auf halber Strecke der Radrunde gelegen, kann man entweder auf der Außenterrasse Kaffee und Kuchen genießen oder man speist tatsächlich in den erhalten gebliebenen Gefängniszellen des Schlosses. Angeboten werden süße Speisen wie Waffeln, aber auch herzhafte Köstlichkeiten und auf Vorbestellung sogar ein Afternoon-Tea mit Fingersandwiches, Törtchen und klassisch britischen Scones mit Clotted Cream.

Bleiben Sie stets geradeaus und ignorieren Sie auch den Abzweig nach Heidmoor. Die namensgebende Heidelandschaft rechts und links des Weges ist überschaubar und wird bald von einem Golfplatz verdrängt. Nichtsdestotrotz radelt es sich relativ einsam und entspannt bis zu einer breiteren Landstraße, die links von einem Radweg begleitet wird.

BARMSTEDT Folgen Sie diesem Weg an Lutzhorn vorbei und radeln Sie mit weitem Blick über die zahlreichen Felder. Nach einiger Zeit erscheint auf der linken Seite ein Friedhof, der den Beginn des Örtchens Barmstedt markiert. Radeln Sie stets geradeaus in das Zentrum hinein. Über die Marktstraße erreichen Sie halb rechts nach kurzer Zeit den Rantzauer See mit der Schlossinsel und dem kleinen pittoresken Schloss Rantzau. Die angrenzende Wassermühle und die Einkehrmöglichkeiten tun ihr Übriges, um hier eine kleine Pause einzulegen.

Umrunden Sie den See und fahren Sie an der Ostseite bis zum Wasserlauf Krückau. Diesem folgen Sie bis zur ersten Überquerung und halten sich dort links. So gelangen Sie wieder zum Marktplatz, wo Sie rechts das überschaubare Zentrum durchqueren und es

Tipp

SCHLESWIG-HOLSTEIN-ERFAHRUNG

Bad Bramstedt ist ein gemütliches kleines Städtchen auf halber Strecke zwischen Hamburg und Kiel bzw. zwischen Itzehoe und Bad Segeberg. Geprägt wird das eher luftige Ortszentrum vor allen Dingen von zwei Bauwerken. Die Maria-Magdalenen-Kirche nördlich des Flusses Untere Osterau stammt aus der Wende zum 14. Jahrhundert und war bis Mitte des 19. Jahrhunderts von einem Friedhof umgeben. Vom Ursprung des Gotteshauses ist freilich nur noch wenig auf Anhieb zu erkennen. Die ältesten Teile sind die aus Granit bestehenden Fundamente, doch im Laufe der Jahrhunderte folgten zahlreiche Aus- und Umbauten sowie Sanierungen, die das heutige Bild der Kirche entstehen ließen. Sehenswert ist vor allen Dingen die hölzerne Balkendecke im Inneren. An ihr sind noch Gemälde zu sehen, die in der ersten Hälfte des 18. Jahrhunderts erschaffen wurden. Das zweite Gebäude befindet sich nur wenige Schritte auf der anderen Flussseite entfernt. Es handelt sich um das frühere Torhaus eines Schlosses, das heute nicht mehr existiert, weshalb eben jenes Torhaus oft als Schloss Bramstedt bezeichnet wird. Das aus Backstein errichtete Gebäude wurde einst zu einem Wohnhaus im Rokokostil umgebaut und ist heute Veranstaltungsgebäude und Treffpunkt für die öffentlichen Stadtführungen durch Bad Bramstedt.

Kleines Fachwerkgebäude auf der Schlossinsel

INFO

HIGHLIGHT
Stadtspaziergang

TOURENCHARAKTER
Rundtour auf asphaltierten Radwegen, Neben- und Wirtschaftsstraßen

AUSGANGS-/ENDPUNKT
Bramstedter Schloss, Bleeck

GPS
53.917675, 9.882560

ANFAHRT
Auto: A 7 bis Bad Bramstedt
Bahn: Regionalbahnverbindung nach Hamburg und Neumünster

KOMBINIERBAR MIT
keiner anderen Tour

E-BIKE-LADESTATION
leider keine

RADVERLEIH
Fahrradhaus Bad Bramstedt, Bleeck 20, Bad Bramstedt

RADKARTEN
ADFC-Regionalkarte 1:75 000, Hamburg-Kiel-Neumünster

INFORMATION
www.bad-bramstedt.de;
www.amt-rantzau.de

Mittel | 41 km | 121 Hm | 3.00 Std.

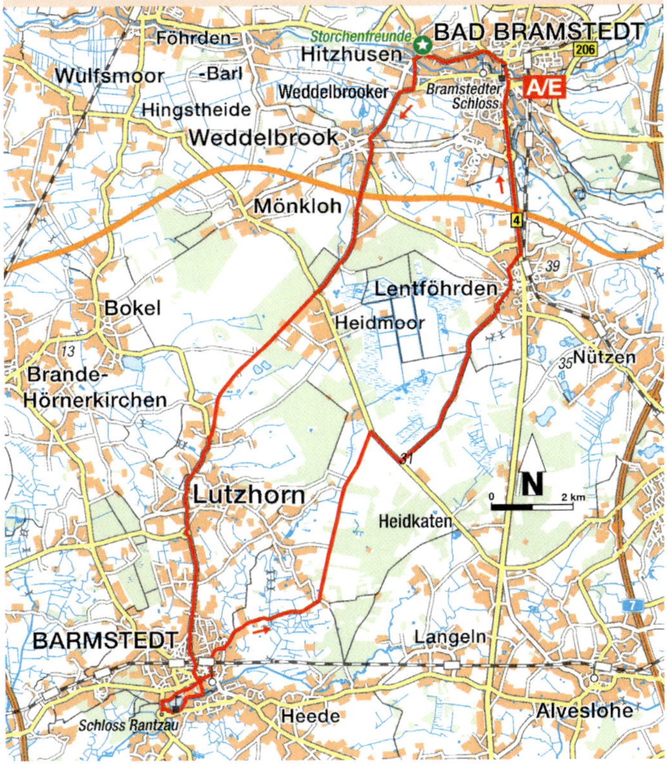

auf der August-Christen-Straße in nördliche Richtung verlassen. Dabei überqueren Sie die Bahngleise am Bahnhof von Barmstedt und radeln am folgenden Kreisverkehr halb links über Nappenhorn und Hellwieser Chaussee aus der Ortschaft hinaus. Bleiben Sie auf der kleinen, wenig befahrenen Straße geradeaus bis zu einer Pferdepension auf der linken Seite. Vor dieser schlagen Sie den Lenker halb links ein und genießen die Tour auf einer Allee in einen Wald hinein.

BAD BRAMSTEDT Beinahe schnurgerade verläuft die einsame Strecke durch die Natur und erst an einer Landstraße wenden Sie sich nach rechts, um diese nach gut einem Kilometer wiederum nach links zu verlassen. Fast ohne Besiedlung radeln Sie weiter bis Lentföhrden. Hier fahren Sie durch den Ort bis zur B 4 und folgen dieser nach links in Richtung Bad Bramstedt. Ab hier ist der letzte Abschnitt sehr einfach. Auf dem Radweg links neben der Bundesstraße passieren Sie noch kleine Forellenteiche, bleiben aber nahezu ohne Kurve geradeaus, bis mit einigen Tennisplätzen die Stadt Bad Bramstedt erreicht ist. Über den Kreisverkehr hinweg gelangen Sie in das Stadtzentrum und stehen wenig später wieder vor dem Schloss im Zentrum der Stadt.

Voller Stolz erhebt sich das Schloss in Ahrensburg.

29

AUF SCHLÖSSERTOUR BEI HAMBURG

Von Bargteheide nach Ahrensburg und zurück

Auf dieser reizvollen Rundstrecke besuchen Sie gleich zwei Schlösser und ein ebenfalls sehenswertes Herrenhaus mit Schlossgärten und Grünanlagen. Apropos Grünanlage: Sie werden auch durch Hamburg fahren und nicht ein einziges Haus antreffen. Auch die Millionenstadt kann sich von ihrer Naturseite zeigen.

BARGTEHEIDE Wenn Sie den Bahnhof von Bargteheide verlassen, radeln Sie umgehend nach rechts bis zu einem Kreisverkehr, hinter dem Sie rechts die Bahngleise überqueren. Struhbarg heißt die nächste Straße rechts, auf der Sie durch ein ruhiges Wohnviertel bis zum Waldweg radeln. Wald gibt es jedoch erst zu sehen, wenn Sie links abbiegen und sich an der zweiten Möglichkeit nach rechts wenden. An einem Hof vorbei gelangen Sie zu einer Landstraße, wenden sich abermals nach rechts und gelangen nach Tremsbüttel. Dort können Sie einen kleinen Abstecher in das Ortszentrum einlegen, wo sich das stolze Schloss seit Ende des 19. Jahrhunderts erhebt.

Die eigentliche Radtour verläuft jedoch über die Straße Beektwiete in südliche Richtung, wo Sie durch die von Landwirtschaft geprägte Landschaft in Richtung Hammoor radeln. Dort und wenig später überqueren Sie jeweils eine quer verlaufende Landstraße und gelangen in ein weitläufiges Waldgebiet. Rund einen Kilometer radeln Sie vor der Sonne geschützt durch den Wald und biegen schließlich in den Stormanweg nach rechts ein. Nach einem weiteren Kilometer treffen Sie auf eine Landstraße, verlassen den Wald und biegen links ab.

AHRENSBURG Radeln Sie auf dem Radweg neben der Landstraße und schon nach kurzer Fahrt tauchen die ersten Häuser von Ahrensburg auf. Am Anfang wirkt es ein wenig ungemütlich, rechts und links die Betriebe eines Gewerbegebietes. Doch an einer Kreuzung mit der B 75 fahren Sie rechts ab, unterqueren eine Eisenbahnbrücke und haben linker Hand eine Grünanlage neben sich, die sich bereits zum nahe gelegenen Schloss Ahrensburg erstreckt. Nach der ausgiebigen Besichtigung des Schlossparkes und der Anlage radeln Sie auf der Straße Am alten Markt bis zur Straße Bei der Doppeleiche. Hier einmal den Lenker nach rechts eingeschlagen und schon geht es weiter bis zu einem schmalen Pfad hinter einem Kreisverkehr. Durch eine weitere, jedoch schmale Grünanlage fahren

Tipp

SCHLESWIG-HOLSTEIN-ERFAHRUNG

Vor den Toren der Stadt Hamburg erhebt sich in der ansonsten eher unscheinbaren Ortschaft Ahrensburg ein Schloss, das an Schönheit kaum zu überbieten ist. Errichtet wurde es im ausgehenden 16. Jahrhundert als Herrenhaus für Peter Rantzau, Ratgeber für den dänischen König Friedrich II. Später erwarb das Bauwerk ein Kaufmann, der auf den heutigen Amerikanischen Jungferninseln Plantagen betrieb und gleichzeitig Sklaven besaß und mit ihnen handelte. Es folgten weitere Besitzer, bis es mittlerweile von einer Stiftung unterhalten wird. Schloss Ahrensburg besitzt einen fast quadratischen Grundriss und ist von einem schmalen Wassergraben umgeben. Mit seiner weißen Fassade ist es trotz der eigentlich geringen Größe des Gebäudes ein Blickfang im Schlosspark, der im Wesentlichen aus einer Schlossinsel besteht. Diese ist wiederum von einem breiteren Wassergraben umgeben, der vom Flüsschen Hunnau mit Wasser gespeist wird. Im östlichen Bereich sind die Gräben zu zwei kleinen Teichen gestaut, an denen einst eine Mühle betrieben wurde. Teile des viergeschossigen Schlosses können heute besichtigt werden und beherbergen ein Museum. Dabei wandelt man durch die teilweise vertäfelten Räumlichkeiten und ist man dem Rokoko und dem Biedermeier auf der Spur (Schloss Ahrensburg, Lübecker Str. 1, 22926 Ahrensburg, www.schloss-ahrensburg.de).

Sie nach rechts und langsam aus Ahrensburg hinaus. Am Reesenbütteler Teich folgen Sie der Landstraße in Richtung Bünningstedt, wo Sie in einer Linkskurve rechts in den Bramkampredder hineinfahren. An zwei aufeinanderfolgenden T-Kreuzungen biegen Sie jeweils links ab, um ein kleines Wohnviertel von Ammersbek zu streifen.

HAMBURG Auf der Straße Weg zum Brook verlassen Sie anschließend nicht nur den Ort, sondern auch wenig später Schleswig-Holstein. Was folgt, ist eine Millionenstadt. Doch vom Bundesland Hamburg bzw. der Hansestadt spürt man fast nichts. Denn die Radtour verläuft auf Hamburger Gebiet ausschließlich durch den Wald namens Hansdorfer Brook bzw. durch das Naturschutzgebiet Duvensteder Brook. Mit einem weiten Bogen genießen Sie den Naturraum der Hansestadt und verlassen bald schon wieder Hamburg, indem Sie nach Klein Hansdorf radeln. Die Straße Am Wischhof verlassen Sie aber schon nach kurzer Zeit nach links und radeln bis zur Landstraße. Nur wenige Augenblicke auf dem Sattel, während Sie nach links fahren, und schon haben Sie ein weiteres schlossähnliches Bauwerk vor Augen. Das Gut Jersbek befindet sich auf einer kleinen Insel und grenzt an einen Barockgarten, der sich zwar heute nicht mehr ganz so ausgeschmückt zeigt, dennoch aber sehenswert und einen kleinen Rundgang wert ist.

INFO

HIGHLIGHT
Stadtspaziergang

TOURENCHARAKTER
Rundtour auf asphaltierten Radwegen, Neben- und Wirtschaftsstraßen

AUSGANGS-/ENDPUNKT
Bahnhof Bargteheide

GPS
53.728264, 10.268537

ANFAHRT
Auto: Bargteheide liegt westlich des Autobahndreieckes der A1 und A 21.
Bahn: Mit der Regionalbahn ab Hamburg

KOMBINIERBAR MIT
keiner anderen Tour

E-BIKE-LADESTATION
leider keine

RADVERLEIH
Movelo Leihradstation, Rad-Werk Zingelmann, Hamburger Straße 42, Ahrensburg

Mittel	39 km	165 Hm	3.00 Std.

RADKARTEN
ADFC-Regionalkarte 1:75 000, Hamburg-Kiel-Neumünster

INFORMATION
www.bargteheide.de; www.tourismus-stormarn.de

↑ Fachwerk und Reetdach am Markt von Bargteheide
↗ Die historische Mühle am Schloss Ahrensburg
→ An Gut Jersbek befindet sich der Barockgarten.

BARGTEHEIDE Nach dem Rundgang durch den ehemals nach barockem Vorbild angelegten Garten von Gut Jersbek radeln Sie wieder an der Landstraße entlang, dieses Mal jedoch in die andere Richtung.

Nach nicht ganz zwei Kilometern überqueren Sie einen Kreisverkehr und haben schon gleich im Anschluss die Wohnhäuser von Bargteheide rechts und links der Route erreicht. Radeln Sie ganz entspannt geradeaus in das Stadtzentrum hinein, wo sich der Marktplatz mit einer ansprechenden Grünanlage mitsamt Teich präsentiert und von zahlreichen Einkehrmöglichkeiten umgeben ist. Über die Straße Am Markt und über die Rathausstraße gelangen Sie jetzt in wenigen Minuten wieder zurück zum Ausgangspunkt am Bahnhof.

Tipp

GUTEN APPETIT

Die dunklen, schweren Holzbalken im Restaurant Utspann mit seiner gutbürgerlichen deutschen Küche vermitteln ein Gefühl von Gemütlichkeit. Das Reetdachhaus befindet sich am Marktplatz von Bargteheide, der weniger an einen Marktplatz denn eine kleine Grünanlage erinnert. Drum herum gibt es noch weitere Einkehrmöglichkeiten, so zum Beispiel das Due Fratelli, das mit italienischer Kochkunst daherkommt. Griechisch wird es in einer kleinen Seitenstraße, die vom Marktplatz abzweigt. Dort kommt man auch an einer Eisdiele vorbei und zum Kockcafé. Am Marktplatz von Bargteheide wird viel geboten.

AUF DEM ELBERADWEG UNTERWEGS

Flussradtour mit Besuch in vier Bundesländern

Gleich vier Bundesländer können Sie auf dieser Reise entlang der Elbe erleben. Sie starten natürlich in Schleswig-Holstein, machen einen kurzen Abstecher nach Mecklenburg-Vorpommern, genießen den Radweg am niedersächsischen Elbufer und radeln über Schleswig-Holstein bis zum Ziel im Bundesland Hamburg. Zwei Dreiländerecke und ein Extrempunkt gestalten diese erholsame Flussradtour abwechslungsreich.

Auch bei diesigem Wetter lohnt sich der Blick auf die Silhouette von Lauenburg.

30

LAUENBURG Im südlichsten Ort in Schleswig-Holstein starten Sie die Radtour am Schlossturm von Lauenburg. Nach einem kurzen Rundgang durch die Grünanlage und den nahe gelegenen Fürstengarten radeln sie hinab zum Ufer der Elbe, wo sich an der Maria-Magdalenen-Kirche die Elbstraße erstreckt. Hinter der Häuserzeile verläuft die schmale Elbpromenade, die aber mit ihrem Kopfsteinpflaster gänzlich ungeeignet zum Radeln ist. Daher wechseln Sie zunächst auf das südliche Ufer, womit Sie sich nach Niedersachsen begeben. Die Grenze zwischen beiden Bundesländern befindet sich genau in der Flussmitte. Und nicht nur das, es gibt in unmittelbarer Nähe auch noch zwei politische Besonderheiten. Doch fahren Sie erst einmal auf der Hafenstraße zur B 209, auf der Sie den Elbe-Lübeck-Kanal überqueren. Würden Sie diesem nordwärts folgen, dann kämen Sie nach etwas über 60 Kilometern in die Hansestadt Lübeck. Doch hier mündet der Kanal in die Elbe.

Auf der Südseite des Kanals können Sie einen kleinen Abstecher einlegen und die Bundesstraße kurz verlassen. Auf dem ruhigen Fahrweg in den Elbauen könnten Sie kurz hinter dem dortigen Klärwerk einen Blick auf die Elbe werfen. Sie markiert hier den südlichsten Punkt von Schleswig-Holstein. Die zweite politische Besonderheit befindet sich gerade einmal 800 Meter weiter flussaufwärts, also in Richtung Osten. Dort trifft Schleswig-Holstein nicht nur auf Niedersachsen, sondern auch auf Mecklenburg-Vorpommern. So wie der südlichste Punkt Schleswig-Holsteins befindet sich auch das sogenannte Dreiländereck der drei Bundesländer mitten in der Elbe. Eine Markierung für diese Punkte ist leider nicht vorhanden.

ELBE-RADWEG Auf der Bundesstraße überqueren Sie anschließend die Elbe und erreichen Hohnstorf, von wo aus Sie einen schönen Ausblick auf die Kulisse Lauenburgs haben. Am Ufer treffen Sie zugleich auf den Elberadweg, der die Sächsische Schweiz süd-

Zwar nicht in Schleswig-Holstein, aber trotzdem schön: Windmühle Artlenburg

Tipp

GUTEN APPETIT

Durch das lang gestreckte Zentrum von Lauenburg und auch am Elbufer sollte man sich einfach mal durchprobieren. Das Café Petticoat lockt mit einem stylischen Ambiente der 1950er-Jahre, mitunter auch mit Livemusik. Im Schleck-Eis wird die Eiscreme selber hergestellt und es sind auch schmackhafte Milchshakes im Angebot. Gleich gegenüber sitzt man auf der Außenterrasse und genießt man seinen Kaffee von Herzen. Daher heißt es auch so: Von Herzen-Café. Herzhafter wird es direkt am Elbufer, wo das Rufers Restaurant, das Alte Schifferhaus und Lili's Altstadtimbiss mit einer großen Auswahl an Leckereien um Gäste buhlen.

↑ Das Dreiländereck von Schleswig-Holstein, Niedersachsen und Hamburg befindet sich mitten in der Elbe.
↗ Die Gedenkstätte in Neuengamme sollte unbedingt besucht werden.

lich von Dresden mit Cuxhaven verbindet. Folgen Sie der Beschilderung flussabwärts und radeln Sie gemächlich durch die Elbauen. Sie kreuzen dabei mehrmals die Bundesstraße, überqueren den Elbe-Seiten-Kanal und haben gleich dahinter einen schönen Blick auf die Windmühle Artlenburg, die mit einem strahlend weißen Anstrich glänzt. Eine erste Windmühle an dieser Stelle gab es bereits in der ersten Hälfte des 19. Jahrhunderts. Doch bei einem Sturm im Jahr 1889 sind die Bremsen heiß gelaufen und es kam zu einem verheerenden Brand. Bei der jetzigen Mühle handelt es sich um das wiederaufgebaute Bauwerk nach dem zerstörenden Feuer. Durch Artlenburg und Avendorf fahren Sie nach Tespe, wo Sie zwischen den sanften und bewaldeten Hügeln am schleswig-holsteinischen Ufer das ehemalige Kernkraftwerk Krümmel sehen. Dieses ist bereits seit 2011 stillgelegt und wird voraussichtlich bis Mitte der 2030er-Jahre zurückgebaut.

Tipp

SCHLESWIG-HOLSTEIN-ERFAHRUNG

Im Jahr 1938 wurde das Konzentrationslager Neuengamme als Außenlager des KZ Sachsenhausen vor den Toren der Hansestadt Hamburg errichtet. Bereits zwei Jahre später war es zu einem selbstständigen Lager ausgebaut worden, das selber fast 90 Außenlager besaß. Insgesamt waren im KZ rund 100 000 Menschen inhaftiert, die meisten von ihnen stammten aus den von den Nazis besetzten Ländern. Knapp die Hälfte der Lagerinsassen überstanden die Inhaftierung nicht. Die meisten von ihnen starben durch die unmenschlichen Lebensbedingungen in Verbindung mit der harten Zwangsarbeit. Erst im frühen 21. Jahrhundert wurde das Gelände des ehemaligen Konzentrationslagers zu einer Gedenkstätte umgestaltet.

GEESTHACHT Wenig später passieren Sie Marschacht und lassen den Elberadweg an dieser Stelle hinter sich. Denn bei Marschacht radeln Sie bis zur Brücke, auf der die B 404 verläuft, und überqueren auf dieser den Fluss. Damit beenden Sie ihren kurzen Ausflug nach Niedersachsen und radeln wieder in Schleswig-Holstein. Doch auch das nur vorübergehend. Denn gleich am anderen Ende der Brücke verlassen Sie die Bundesstraße und radeln wieder an der Elbe flussabwärts. Ein Gewerbegebiet lassen Sie schnell zurück und überqueren kurz darauf die Grenze zum Bundesland Hamburg. Auf der linken Seite sehen Sie den westlichsten Punkt der Elbinsel Geesthacht. Dort treffen die beiden Elbarme, die Sie zuvor überquert haben, wieder zusammen. Nur wenige Meter von der Inselspitze entfernt, treffen im Wasser wieder drei Bundesländer aufeinander. Das zweite Dreiländereck dieser Tour besteht aus Niedersachsen, natürlich Schleswig-Holstein und dieses Mal noch Hamburg.

NEUENGAMME Genießen Sie die Fahrt entlang der Elbe auf Hamburger Gebiet bis zum Neuengammer Hausdeich, der nach rechts abzweigt und mit dem Sie das Elbufer verlassen. Etwas später führt links der Hinweis zur Gedenkstätte Neuengamme, die Sie nach gut einem Kilometer erreichen.

INFO

Leicht | 36 km | 81 Hm | 2.30 Std.

HIGHLIGHT
Sehenswürdigkeit

TOURENCHARAKTER
Streckentour auf asphaltierten Radwegen, Neben- und Wirtschaftsstraßen und dem Elberadweg

AUSGANGSPUNKT
vom Schlosspark, Amtsplatz, Lauenburg

ENDPUNKT
KZ-Gedenkstätte in Hamburg-Neuengamme

GPS
von 53.371897, 10.556313
bis 53.427219, 10.226321

ANFAHRT
Auto: Lauenburg ist über die B 5 und B 209 erreichbar.
Bahn: Regionalbahnen nach Lübeck

KOMBINIERBAR MIT
keiner anderen Tour

E-BIKE-LADESTATION
Eiscafé im Mensing'schen Haus, Elbstraße 49, Lauenburg

RADVERLEIH
Touristinformation Geesthacht, Bergedorfer Straße 28, Geesthacht

RADKARTEN
Radwanderkarte Herzogtum Lauenburg 1:75 000, BVA Verlag

INFORMATION
www.herzogtum-lauenburg.de; www.kz-gedenkstaette-neuengamme.de

PS: DA FÄLLT MIR NOCH WAS EIN!

WAS ICH NOCH SAGEN WOLLTE … Im Jahr 2002 radelte ich sechs Wochen lang für einen guten Zweck nicht nur durch Schleswig-Holstein, sondern durch ganz Deutschland. Dabei legte ich 2500 Kilometer zurück und rührte die Werbetrommel für die Deutsche Gesellschaft zur Rettung Schiffbrüchiger.

HELFEN KANN JEDER

Im Gepäck hatte ich eines der typischen Sammelschiffchen sowie ausgewehte Flaggen von Schiffen der Seenotretter. Diese wurden während meiner Radtour von Harald Schmidt, Heino, dem Ensemble der damaligen »Lindenstraße«, Michael Mittermeier und weiteren prominenten Persönlichkeiten aus den Bereichen Unterhaltung und Sport mit einem Autogramm versehen. Ich radelte südwärts durch den Schwarzwald bis ins Allgäu und durch Thüringen, Sachsen und Brandenburg bis zur Küste zurück, um unter dem Motto »Helfen kann jeder!« auf die Arbeit der Seenotretter aufmerksam zu machen. Die mediale Aufmerksamkeit war für die DGzRS eine willkommene Unterstützung, während die ausgewehten Flaggen nach der Radtour zugunsten der Gesellschaft versteigert wurden.

WECHSELGELD INS SAMMELSCHIFFCHEN

An diese Reise muss ich natürlich immer denken, wenn ich an der Küste unterwegs bin und in den Geschäften und Restaurants das markante Sammelschiffchen sehe. Die Gesellschaft, die keine staatlichen Zuwendungen erhält, hat es verdient, wenn man ab und an den einen oder anderen Euro in eines der Sammelschiffchen steckt. Sie rettet nicht nur Küstenbewohner, sondern vor allen Dingen Urlauber, die auf See in Gefahr geraten. Vielleicht stecken Sie bei einer Radelpause das Wechselgeld an der Kasse einfach mal in das Sammelschiffchen. Die Seenotretter danken es Ihnen!

Herzliche Grüße

Michael Moll

Mit dem Fahrrad direkt
zum Fahrradparkplatz am Strand.
Das funktioniert in St. Peter-Ording.

Ab und an radelt man
auch in Schleswig-Holstein
durch die »Grüne Hölle«.

REGISTER

IMPRESSUM

Verantwortlich: Stefanie Krüger, Cornelius Traub
Redaktion und Lektorat: Susanne Maute, mcp concept GmbH
Layout- und Reihengestaltung: Mathias Frisch
Covergestaltung: Mathias Frisch
Satz: mcp concept GmbH
Repro: LUDWIG:media
Kartografie: Bruckmann Verlag GmbH, Heidi Schmalfuß
Herstellung: Alexander Knoll
Printed in Slovenia by Florjancic

Exklusiv für Sie als Leser:

MIT GPS-DATEN ZUM DOWNLOAD

unter: gps.bruckmann.de

★★★★★

Sind Sie mit diesem Titel zufrieden? Dann würden wir uns über Ihre Weiterempfehlung freuen.
Erzählen Sie es im Freundeskreis, berichten Sie Ihrem Buchhändler, oder bewerten Sie bei Onlinekauf. Und wenn Sie Kritik, Korrekturen, Aktualisierungen haben, freuen wir uns über Ihre Nachricht an Bruckmann Verlag, Postfach 40 02 09, D-80702 München oder per E-Mail an lektorat@verlagshaus.de.

Unser komplettes Programm finden Sie unter www.bruckmann.de

Alle Angaben dieses Werkes wurden vom Autor sorgfältig recherchiert und auf den neuesten Stand gebracht sowie vom Verlag geprüft. Für die Richtigkeit der Angaben kann jedoch keine Haftung übernommen werden, weshalb die Nutzung auf eigene Gefahr erfolgt. Insbesondere bei GPS-Daten können Abweichungen nicht ausgeschlossen werden. Sollte dieses Werk Links auf Webseiten Dritter enthalten, so machen wir uns die Inhalte nicht zu eigen und übernehmen für die Inhalte keine Haftung.
In diesem Buch wird aus Gründen der besseren Lesbarkeit das generische Maskulinum verwendet. Weibliche und anderweitige Geschlechteridentitäten werden dabei ausdrücklich mitgemeint, soweit es für die Aussage erforderlich ist.

Empfehlung der Redaktion
Sie sind auf der Suche nach weiterführender Literatur? Dann empfehlen wir Ihnen den Titel *Radtouren am Wasser Hamburg & Umgebung* von Herbert Rönneburg. Oder Sie werfen einen Blick in die Zeitschrift *BERGSTEIGER*. Hier werden Sie bestimmt fündig.

Bildnachweis: Alle Bilder im Innenteil und auf dem Umschlag stammen vom Autor, mit Ausnahme von S. 11 Mitte (https://www.seenotretter.de, Wikimedia Commons).
Umschlagvorderseite: Am Ostseeküstenradweg zwischen Kalifornien und Brasilien (Tour 12)
Umschlagrückseite: Gemütliches Flanieren und Einkehren am Hafen von Husum (Tour 4)

Die Deutsche Nationalbibliothek verzeichnet diese Publikation in der Deutschen Nationalbibliografie; detaillierte bibliografische Daten sind im Internet über http://dnb.d-nb.de abrufbar.

Infanteriestraße 11a
80797 München

ISBN 978-3-7343-2082-8